DREAM

夢《ゆめ》は叶《かな》う

生徒が伸びる、個性が輝く
「幸福の科学学園」の教育

RYUHO OKAWA
大川隆法

▲2011年7月20日 幸福の科学学園中学校・高等学校（那須本校）
「善悪を知る心」（第2章所収）

▲2013年4月7日 幸福の科学学園関西中学校・高等学校（関西校）
「幸福の科学学園の未来に期待する」（第3章所収）

▲2012年4月7日 幸福の科学学園中学校・高等学校（那須本校）
「夢は叶う」（第1章所収）

まえがき

私の仕事には、いろんな面があるが、本書では教育者としての面が強く出ている。

私自身は、四国の徳島県の吉野川中流域の平均的な田舎町《いなか》で公立の小・中学校時代（川島小・中学校）を過ごした。高校は、当時、県下随一《ずいいち》の進学校であった県立の徳島城南《じょうなん》高校に進んで電車（汽車？）通学した。県下で一万数千人ほど参加して学力テストをすると、上位百番以内に九十六人ぐらい入るほどの名門校だった。校内で百番以内に入ると徳島大学医学部に現役合格できるラインで、六、七十番以内で京都大学、十数人程度東大に進学していた。高校三年間一度も、上位から落ちず、全教科五段階の四・五以上ということで優等賞を受けて卒業した。しかし、通学と剣道部の部活（高三の夏まで週六日）の負担が思ったより重く、不完全燃焼感《ねんしょうかん》は残った。塾《じゅく》には通わなかった。その後、東大法学部で一般教養を身につけ、法律、政治学を専攻《せんこう》した。総合商社入社後、ニューヨーク市立大学大学院で国際金融論を専攻し、同時に、ウォールストリートで金融エリートとしても働いた。

ざっとふり返ると、私はこんな経歴だが、東京で五人の子育てもした。

長男は、学大附属竹早《たけはや》中から、早大高等学院／青山学院高等部を経て青学法学部卒。バンドをやっていた。

長女は、豊島岡《としまがおか》女子中学・高校からお茶の水女子大文教育学部を「ＳＡ」の評価で卒業。ダンス部（中学）、料理部（高校）。

次男は、開成《かいせい》中・高から、早大文化構想学部卒（主として宗教学専攻）。中学軟式テニス部で個人戦で区の三位まで行った。小学校四年、五年と二年連続算数オリンピック・ファイナリストとなり、東京の一位、世界のベストテンに入ったが、なぜか中高では数学は苦手になった。

三男は、次男同様、「ＳＡＰＩＸ《サピックス》」という塾の「α１《アルファワン》」という最上クラスにいて算数オリンピック・ファイナリストともなったが、妬《ねた》まれてイジメを受け、小五で当会の不登校児支援スクール「ネバー・マインド」を経て転校、当会の仏法《ぶっぽう》真理塾《しんりじゅく》「サクセス№１」から、麻布《あざぶ》中・高、東大文Ｉ・法学部へと進んだ。旅行部やアーチェリー部などを経験した。十代で英検一級を取得した。

五番目の次女から、幸福の科学学園が開校したので、上の四人と比較すべく、幸福の科学学園中・高、ＨＳＵ（ハッピー・サイエンス・ユニバーシティ）未来創造学部に進ませた。

子供たちの受験回数はのべ40~50校にのぼり、教育パパとしての経験は、たっぷりと積んだ。

こうした、私自身と子供たちの教育経験を活かしつつ、幸福の科学学園は二〇一〇年に開校し、様々な実績をひっさげて今年七年目に突入した。那須本校の玄関を入ると、トロフィーの山で圧倒される。部活や文化活動にも熱心だ。東大にも初年度から受かり、早大現役合格率も全国11位にも入った。英語は力を入れただけあって、抜群《ばつぐん》の実績である。あと二年ほどで卒業するHSUの卒業生が実社会でどのように評価されるか、楽しみにしている。

本書では学園を創《つく》った初期の意気込《いきご》みと熱意が伝わってくると思う。良き伝統がさらに続いていくこと、この国と世界の教育改革のさきがけとなることを切《せつ》に願っている。

二〇一六年　八月三十日

幸福《こうふく》の科学《かがく》グループ創始者兼総裁《そうししゃけんそうさい》
幸福《こうふく》の科学学園創立者《かがくがくえんそうりつしゃ》

大川隆法《おおかわりゅうほう》

夢は叶う

目次

第2章 善悪を知る心

第3章　幸福の科学学園の未来に期待する

第1章

夢は叶《かな》う

2012年4月7日
幸福の科学学園中学校・高等学校（那須《なす》本校）
第三回入学式記念法話《ほうわ》

1　幸福の科学学園は「夢は叶《かな》う」の実例

三学年が揃《そろ》い、力が満ちている幸福の科学学園

三年目になり、とうとう幸福の科学学園（那須《なす》本校）も、当初の予定どおり生徒約五百人の学校として出来上がりました。〝幸福の科学学園艦隊《かんたい》〟が全部、勢揃《せいぞろ》いしたようで、心強く感じています。

今朝《けさ》（二〇一二年四月七日）の入学式で話がありましたが、最初はこの三分の一ぐらいしか生徒がいなかったのです。それが、二年目には「少し増えた」という感じになり、今年はとうとう全学年が揃いました。今は学校としての力が満ちてくるときです。

また、新しく建てた校舎もあります。自修館《じしゅうかん》ができて、もう一段の大きさを感じるようになりました。

みなさん、はっきり言いまして、この学園の建物は、幸福の科学の総合本部よりはるかに立派です。私たち大人が働いているところよりも、こちらのほうによほど投資をかけており、私たち大人はなるべく慎《つつ》ましやかに生きています（会場笑）。

「みなさんの将来に対して、非常に大きな期待をかけている」ということを分かっていただければ幸いです。

さらに、まだ当学園の最初の高校生が卒業する前に、もう関西校の建設は始まっており、年内には完

生徒の自己研鑽《けんさん》のための施設「自修館」

集中して勉強に励むことのできるブース型自習室（写真右）や音楽練習室、カフェテリアなどが入る。

成し、順調に行けば、来年（二〇一三年）の春には関西校にも第一期生が入ってくる予定です（注。二〇一三年春、予定どおり、幸福の科学学園関西中学校・高等学校〔関西校〕が滋賀《しが》県大津《おおつ》市に開校した。本書第3章参照）。

幸福の科学学園は、「初めての卒業生が出るときに、二校目の学校、分校ができる」という、ものすごい速度で進化・発展している学校なのです。

これらはすべて、私どもが、手堅《てがた》くやりつつも将来の計画を持ち、目標を持って活動している成果だと考えています。その意味では、今回の演題である「夢は叶《かな》う」ということを、現実にやってみせているところかと思います。

今朝の入学式の、中学一年生の代表の方と高校一年生の代表の方の挨拶《あいさつ》を、私は少し離《はな》れた所からモニターで観《み》ていたのですが、立派な内容であり、「受験勉強をしただけではなく、もう仏法真理《ぶっぽうしんり》の勉強もかなり進んでいる」ということがよく分かりました。

「この話を聴《き》いたら、私の話は要《い》らないのではないか」と思い、一瞬《いっしゅん》、「もう、これだけでよいかもしれない」という感じがしたので、みなさん、入る前からもう立派です。これから、もっともっと成長し、活躍《かつやく》なさることだと思います。

特に、中一の代表者のAさんについては、去年（二〇一一年）の五月一日に、仏法真理塾●「サクセス№1《ナンバーワン》」の本校で質問をお受けしたと思います。「幸福の科学学園にどうしても行きたいのですが、（父が反対していて）行けそうにないので、どうしたらよいでしょうか」というような質問だったと思います。

それに対し、私は、「頑張《がんば》って努力する姿を見せて実績をつくったら、入れるようになりますよ」というようなお答えをしたと思うのですが、そのとおりの結果になっているので、「夢を実現した実例の一人」ではないかと思っています。私も、自分の言ったことが嘘《うそ》にならなかったことを、本当にうれしく思っています。

●仏法真理塾「サクセスNo.1」　宗教法人幸福の科学による信仰教育機関。信仰教育・徳育にウエイトを置きつつ、学力養成にも力を注《そそ》いでいる。

（前述のAさんに向かって）ご両親にも感謝しておいてくださいね。

開校以来、評判が上がってきている幸福の科学学園

幸福の科学学園に入り、みなさんは希望と不安の両方をお持ちだろうと思います。

校長先生からもお話が少しありましたけれども、開校以来、まだ二年少々であるにもかかわらず、幸福の科学学園の評判は上々《じょうじょう》です。今、評判は上がってきているので、私としてはうれしいところです。だんだん、だんだん、評判が上がってきています。

引き合いに出しては失礼に当たるかもしれませんが、中部地方には、渥美《あつみ》半島の端《はし》のほうに六年制の学校があります。

中部の財界が、「エリート校をつくろう」ということで、二百億円ぐらい

を出してつくった学校で、一学年の人数は当学園の倍ぐらいかもしれません。「多くの生徒を東大に受からせる」と言って頑張っていました。

その学校の偏差値《へんさち》は、初年度には六十だったそうですが、六年後には四十六、七ぐらいまで落ち、また、「一学年に百二十人ぐらいいた生徒のうち、二十人ぐらいが退学した。下水道を経由して逃《に》げた者もいた」というような話も何かに書いてありました。

それでも結果的には、今年（二〇一二年）、初年度で東大に十三人が合格し、「ああ、やはり受かることは受かるのだ」というようなことで、見直されています。授業料等は年に三百万円ぐらいであり、「日本一高い」と言われるところなので、逃げ出したくなる気持ちも分からないわけではありませんが、初めてでもできることはあるのです。「当学園も、きっと、それだけの実績を出せるものだ」と考えているところです。

2　幸福の科学学園はここがすごい

〝幸福の科学メソッド〟は英語教育の一種のモデル

校長先生から何度もお話があったように、幸福の科学学園は英語教育にも特に力を入れています。

英語は文系にも理系にも共通する教科ですし、英語ができないで「秀才《しゅうさい》である」ということはありえないのです。受験においては文系と理系のどちらにも必要な科目ですし、その後も役に立つ科目です。

さらに、英語は、国際世界で生きていく上でも、とても大事な科目です。

「今、日本は教育の国際競争力で韓国《かんこく》や中国に、特に英語で負けている。教育レベルで明らかに負けてきている」という現実があり、「教育の立て直しをやらなければいけない」と私も感じているので、当学園は一種のモデルになるつもりで教育をしています。

「後発《こうはつ》の国に抜《ぬ》かれていく」というのは、「海外でのさまざまな活躍《かつやく》においても後《おく》れを取る」ということを意味するので、ネジを巻き直して頑張《がんば》らねばならないのです。

当学園での勉強の仕方はほかの学校とは少し違《ちが》うので、戸惑《とまど》うところもあろうかと思います。はっきり言って、「超《ちょう》英才教育」です。「超英才教育」で止《と》まればよいのですが、もしかしたら、それを少し超《こ》えているかもしれません。それについては、いずれ分かってくると思います。

英検の合格者も、通常より何学年も飛び越《こ》えてたくさん出ています。新中一生にはまだ分からないでしょうし、新高一生も、まだ感じとしては分からないかもしれませんが、すさまじい実績が生まれているのです。

この前の三学期には九十三人が英検の二次を受け、百パーセント合格しています。こんな学校はほかにはありません。英検を受けるのは二回目ですが、「二次で百パーセント合格」という学校はほかにはないのです。通常、五割か六割ぐらいが限度なので、この合格率はすごいものなのです。

これは、生徒も熱心ですけれども、先生もすごく熱心に教えている証拠《しょうこ》ですし、〝幸福の科学メソッド（指導法）〟が、そうとう優《すぐ》れていることをも意味しているかと思うのです。

中学二年で英検2級に合格した学園生の次女

入学式という場には、若干《じゃっかん》ふさわしくないかもしれませんが、話を分かりやすくするために、卑近《ひきん》な例というか、手近な例を申し上げます。

幸福の科学学園の英語教育

ネイティブの教師による英会話の授業（左：関西校）や、受験級ごとに対策を立てる「英検大勝《だいしょう》利《り》講座」（右：那須本校）などに取り組んでいるほか、英語のスピーチ大会等にも積極的に参加している。

英検１級・準１級合格実績（2015年度～2016年第１回）

１級：大学卒業レベル／準１級：大学中級レベル

那須本校

１級	準１級
高３生 ２名	高３生 ７名
中３生 １名	高２生 ３名
	中１生 １名

関西校

準１級
高３生 ３名
高２生 １名

＊生徒の学年は合格時のもの。

＼合格者の声／

１級：那須本校・高３・男子

高３の11月に１級に合格しました。これも夜学習の時間に週に１度行われる「英検大勝利講座」のおかげです。僕が特に力を入れたのは、２次試験対策です。２次試験では、国際問題や貧困問題などについてスピーチをしたあと、面接官の質問に答えます。どんなテーマにも対応できるよう、日本人の先生とネイティブの先生が練習に付き合ってくださったことで、本番では緊張《きんちょう》せずに自分の考えを英語で伝えることができました。これからも英語力を磨《みが》き、国際社会で活躍できる人材となれるよう頑張ります。

準１級：関西校・高２・男子

高２の７月に準１級に合格しました。「合格して必ず留学につなげる」と言って始めた英検受験でしたが、受験直前には、「支えてくださる先生がたのため、仲間や家族のため、世界中で自分を待ってくれているすべての人のために、絶対に受かるんだ！」という気持ちに変わっていました。今回の受験を通して得たのは、英語力だけではありません。「人は誰か他の人のために頑張るときに、本来の力を発揮できる」ということを学びました。自分に与えられている、たくさんの愛に心から感謝しています。

私の五番目の子供である次女（大川愛理沙《ありさ》）は、この学園にお世話になっています。今、新中三になったところです（説法《せっぽう》当時。二〇一六年八月時点ではハッピー・サイエンス・ユニバーシティ未来創造学部に在学中）。

春休みには東京の自宅に帰っていて、きょうだいたちと一緒《いっしょ》にいたのですが、実は、私は「学園生」と「東京の学校に行った子」との違いをジッと観察しているのです。

次女は帰ってくるたびにたくましくなっていて、東京の進学校、名門校にいる子供たちが、だんだん、だんだん、圧迫《あっぱく》されていくのが目に見えて分かります。学園生は〝怖《こわ》い〟存在なのです。すごい圧力があります。グーッと押《お》してくる圧力があるのです。

この学園では、英語の単語集などを持って歩き回るのは普通《ふつう》のことらしいので、うちの娘《むすめ》は自宅でも古文の基礎《きそ》単語集を持って廊下《ろうか》を歩いています。

それを持って一階と二階を行ったり来たりしていると、上の子で麻布《あざぶ》学園に行っている三男（大川裕太《ゆうた》）も（説法当時。二〇一六年八月時点では東京大学法学部に在学中）、だんだん影響《えいきょう》を受け、とうとう私の編《あ》んだ現代文の用語集を持って歩き始めました。そのように、下から突《つ》き上げられている感じなのです。

何せ妹のほうは中二で英検２級に受かっています。それまで、姉（長女・大川咲也加《さやか》）と兄（大川裕太）は、高一の二学期に英検の２級に受かり、「このくらいで秀才だろう」と思い、十分に満足していたのですけれども、妹に中二で受かられてしまったので、ショックはかなり大きく、「そんなバカな。幸福の科学学園は怖い。本気か、これは」というように感じているのです。

五人きょうだいのうち、上の四人に関しては、小学校に上がる前後に幼児教育で、英語スクールや英会話スクールのようなものに一、二年ぐらい通わせました。

しかし、五番目のいちばん下の子については、「英語は無理だろう」と思い、英語の学校には通わせずに漢文の塾《じゅく》に行かせ、漢文の素読《そどく》をやらせたのです。そのため、次女は小学校時代には英語をまったくやっていなくて、幸福の科学学園で初めて英語を勉強したのですが、学園の教えるとおりに勉強したら中二で英検2級に受かってしまったわけです。

英検2級は、公式発表では「高校卒業程度」になっているので、中二であっても合格者には高校卒業程度の英語力があるはずです。それが本当かどうか、一回、調べてみたくなりました。

たまたま英検にピンポイントで合わせて受かっただけなのか、それとも本当に実力があるのか調べてみたいので、私は娘の春休みに次のようなことを行《おこな》ったのです。

当会は職員の英語の実力を測るために、三十五歳《さい》以下の職員のほとんど全員に、ＴＯＥＩＣ《トーイック》という九百九十点満点の試験を受けさせていますが、私はこのＴＯＥＩＣ対策として熟語の問題集をつくりました。

一語ずつ空《あ》けた熟語の穴埋《あなう》め問題を三百九十三題、四百題近くつくったのです。そして、これを宗務《しゅうむ》本部の人たちに解かせました。

宗務本部は私の周りにいる側近たち、秘書や参謀《さんぼう》部隊のいるところですが、そこの若手を中心に、ＴＯＥＩＣで三百点台の人から、四百点台、五百点台、六百点台、七百点台、八百点台、九百点台の人まで、すべての学力水準の人たちをサンプルとして用意し、この三百九十三題の熟語問題をその全員に解かせたのです。

そして、うちの次女、中二で英検２級に受かった子も一緒に受けさせたわけです。

結果はどうなったでしょうか。

当時、中二生だった次女が早稲田《わせだ》大学商学部の卒業生に勝ちました（会場どよめく）。それから、同志社《どうししゃ》大学商学部卒の人とほぼ互角《ごかく》でしたし、難関大とまでは言えない大学の卒業生にはダブルスコアで勝ちました。東大合格者にはさすがに負けましたが、頑張れば、もう少しで、やがて圏内《けんない》に入るかもしれません。

客観的に見ると、「英語に関しては、東京の私立の雄《ゆう》である早稲田大学や、関西の私立の雄である同志社大学に、中学二年終了《しゅうりょう》時点で受かる」という結果が出ました。

「中二で、もう大学受験問題が解けるレベルまで来ている」という人を、これから四年間、教育するのですから、先生は大変だろうと思います。

語学研修の狙《ねら》いは「国際レベルで仕事のできる人」をつくること

結局、幸福の科学学園の中学・高校の英語教育は〝突き抜け教育〟になります。大学を突き抜けてしまうだろうと思います。日本の大学のレベルで止《と》まればよいのですが、狙《ねら》いを、最終的には、「アメリカ東部のエリート校に合格できる」というあたりのところに設定してあるので、人によってはそこまで行ってしまうかもしれないと思っています。

ただ、実は、それでもまだまだ十分ではありません。日本の教育レベルはすごく低くて、これでもまだ十分ではないのです。

先般《せんぱん》（二〇一二年三月二十二日～三十一日）、新高二生がボストンとニューヨークで八泊《ぱく》十日の語学研修をして帰ってきました。

すると、「ホームステイをしたら、ホームステイ先のお父さんやお母さんの英語が速くて聴《き》き取れない。返事ができないので、二日ほどは地獄《じごく》の苦しみを味わった」ということが感想文に書いてありました。また、地元の高校で授業に参加したけれども授業が聴き取れず、質問等に答えるのはほとんど厳しい状《じょう》況《きょう》だったようです。これは、そのとおりでしょう。

高一生で英検2級を持っていてもそうなのです。英検2級のレベルだと、海外旅行はできても、授業についていき、ポンポンと話ができるほどの学力はまだありません。

そこまで行くには準1級と1級の間ぐらいの学力が必要になるため、もう一段上の力が要《い》るのです。その学力がない人にとっては、まだ届かないので、授業が分からないというか、ポンポンとやり取りできないのは当たり前なのです。

日本で英語のスピーチコンテストに出た子も、その研修に参加し、向こうのテレビ番組に四十分ほど出たそうですが、その子であっても、感想文には「ホームステイをした最初の二日間は、向こうのお父さんやお母さんが何を言っているか分からなかった」と書いてありました。

ホームステイ先のお父さんやお母さんの言っていることが分からないのに、テレビ番組に四十分も出て英語で話してきたらしいのですが、何を話したのでしょうか。あとで報告が来るとは思いますが、幸福の科学学園の語学研修がそうとうハードであることは事実です。

ただ、結論を言えば、私の最終的な狙いは、「進学で有利になる」というようなことではなく、「国際レベルで仕事のできる人をつくりたい」ということなので、そこから逆算して勉強の組み立てをつくっています。

そういう意味では、通常の公立校や私立校とは少し違ったところがあります。幸福の科学学園のこの圧力には、東京の男子校の御三家《ごさんけ》や女子校の御三家等を十分に圧迫するだけの迫力《はくりょく》があることを分かってください。

入るときに、すでにそこそこは難しいのですけれども、入ってからの伸《の》び方が全然違い、大きいと思います。

各人が最も伸《の》びる勉強の仕方をさせている

英語についてはそういうことですが、国語についても、当学園の生徒のレベルは高いと言えます。私の著書を読んでいる人や私の法話《ほうわ》を聴いている人がそうというので、国語のレベルもかなり高いのです。

私はそれらのなかで、一般社会のいろいろなこと、また、歴史や現代社会の政治・経済についてたくさん述べているので、そういうことに関する知識が、知らず知らずのうちに数多く入ってきているわけです。

そのため、中学生や高校生といえども、あっと驚《おどろ》くほど高度な議論のできる人たちが育ってきており、「実に頼《たの》もしいことだ」と考えています。

私の次女の話もしましたが、去年（二〇一一年）の夏、家に帰ってきたとき、次女は、大学受験生だった次男が駿台《すんだい》（予備校）の『システム英単語』を持って歩いているのを見て、「あんな易《やさ》しいものをやっているの？」という非常にショッキングな言葉を吐《は》いていました（笑）。

私から見ても、確かに、一般の大学受験用のものは高校受験レベルに見えるのですが、学園生にもそう見えてくるわけです。そのくらいの易しさに見えてくるようになり、それが常識になってきます。

次女は、たまたま一般の塾に行っていないので、ほかの学校のレベルがどの程度か分からず、「どこもこんなものだ」と思って勉強しているので、レベルがグーッと上がってくるのです。やがて、その強さが分かってくるようになると思います。

当学園に高等部から入学した人の場合、海外での語学研修はアメリカでの一回限りなのですが、「うーん。残念だった」と思う挫折《ざせつ》体験をして、「これから、もう一回、勉強しなければ」という気持ちもあると思うので、大学入学後、留学するなり旅行するなり、海外でいろいろなことを経験なされたらよいと思います。

中学生の場合には、語学研修として、中学三年のときにオーストラリア、高校一年の終わりの春休みにアメリカのボストンとニューヨーク、この二つを組んでいます（説法当時。二〇一六年以降、高一生の行き先が変更《へんこう》され、二〇一六年三月にはアメリカの西海岸で九日間の研修を行い、ロサンゼルスでのホームステイ等を体験した）。

「一回目のときには、そんなにうまくいかないだろう」と推定しているのですが、うまく話せなかった悔《くや》しさをバネにして、そのあとの一年半の間に一生《いっしょう》懸命《けんめい》、勉強すると、二回目にトライするときは、かなり〝いける〟ようになる

中学3年生「海外語学研修」
オーストラリア・シドニー7日間

文化交流

現地の学校の生徒たちと英語でコミュニケーションを取りながら、バーベキューやスポーツを楽しんだり、折り紙をしたりして、交流を深めた。

ブルーマウンテンズ

世界遺産にも登録されている、ブルーマウンテンズの大自然を体感。

Schedule

2015年

10/30	**シドニー着**
	ブルーマウンテンズ国立公園のシーニックワールドでゴンドラ、ロープウェイに乗車
	ホストファミリーと対面
11/1	**ホストファミリーと過ごす**
11/2	**ケリービルハイスクールにて学校交流**
	バーベキューランチ
11/3	**シドニー市内研修**
	ミセス・マッコリー・ポイント
	オペラハウスツアー
	オーストラリア正心館訪問
	タウンホールにてミッションワーク
	ワイルド・ライフ・シドニー動物園
	ダーリング・ハーバー散策
	帰国の途へ

ホームステイ

温かく迎えてくれたホストファミリーたちと。

のです。

したがって、本当に効果が出るのは、今の中三生がオーストラリアへ行って、次にアメリカに行ったあたりのときです。そのときに、たぶん威力《いりょく》が出てくると思います。みなさんの勉強熱は非常に高いので、レベルがグッと上がってくるわけです。

「当学園のレベルが、ほかの学校のレベルとどれほど違うか」が、やがて、はっきりと分かってくるようになると思います。

ただ、当学園のよいところは、「単に上のほうだけの英才教育をするのではなく、それぞれの人の学力に合わせ、その人にとって最もふさわしい、伸《の》びる勉強の仕方をさせている」ということです。かなり手間暇《てまひま》をかけた教育の仕方をしているのです。その意味では、信頼《しんらい》していただいてよいと思います。

高校１年生「海外語学研修」
アメリカ西海岸９日間

サンフランシスコ

シリコンバレーの人材供給源であるスタンフォード大学（左上）や、インテルミュージアム（左下）を見学。世界的に有名な吊り橋のゴールデンゲートブリッジ（右）を背景に記念撮影を行った。

ロサンゼルス

シニアセンターでは校歌を合唱し、折り紙をプレゼント（上）。現地の高校生と記念撮影（右）。

Schedule

2016 年

3/20	**サンフランシスコ市内見学** ツインピークス、ユニオンスクエア、フィッシャーマンズワーフなど
3/21	**サンフランシスコ支部訪問** **スタンフォード大キャンパス見学** **シリコンバレー見学** インテルミュージアム、アップル社など
3/22	**ゴールデンゲートブリッジ観光** **ロサンゼルスへ移動** **ホストファミリーとのマッチング会場へ到着**
3/23・24	**学校訪問**
3/25	**地域社会見学** 警察＆シニアセンター
3/26	**ホストファミリーと過ごす** **ロサンゼルス支部訪問**
3/27	**帰国の途へ**

ホームステイ

ホームステイ先の家族と英語でコミュニケーション。

大学受験では、難関校を滑《すべ》り止めにするレベルへ

今日の入学式のなかで、幸福の科学大学（二〇一五年に、ハッピー・サイエンス・ユニバーシティ〔ＨＳＵ〕として開学）の学長（当時の就任予定者）が、「今の高一生から、卒業したら、うちに入れます」と言っていました。「こっちにいらっしゃい」と言っていたように見えます。

みなさんは中学受験や高校受験の際、どこかの学校を滑《すべ》り止めにしていたと思いますが、今朝《けさ》、新入生の代表は、「東大や早稲田、慶應《けいおう》に受かるぐらい

現代の松下村塾《しょうかそんじゅく》
「ハッピー・サイエンス・ユニバーシティ」

2015年に開学した「日本発の本格私学」（創立者・大川隆法）。「幸福の探究と新文明の創造」を建学の精神とし、「人間幸福学部」「経営成功学部」「未来産業学部」「未来創造学部」の4学部からなる。

の学力を持って、幸福の科学大学に行きたいと思います」というようなことを言っていました。おそらく、「東大や早稲田、慶應が滑り止めになるようにして来てください」と言われるようになるのではないかと感じています。

たぶん、そのくらい学力の差が出てくるでしょう。「滑り止めとして、多少、そのくらいの大学も受けておいたほうがいいですよ」と言われることになるかもしれません。

最終的なレベルがどの程度まで行くかは決まっていませんけれども、そのようなあたりが予想されているので、みなさんが思っている以上に、六年間の教育には大きなものがあります。

また、当学園に高等部から入学した人であっても、ほかの高校とは違って、これからそうとうな伸び方をしてくるはずですので、大いに期待していただきたいと思います。

3　できるだけ大きな夢を描《えが》こう

「現実」が「夢」を追い越《こ》して実現してきた幸福の科学の歴史

勉強の話を先にしておきました。これは、みなさんにとって関心のあることだと思うので、まず、それについて述べました。

ただ、今日のテーマは「夢は叶《かな》う」なので、勉強以外のことで、みなさんの人生設計にかかわるような話もしておかねばならないと思います。

本当に夢は叶います。

私自身について、若いころからのことをずっと遡《さかのぼ》って振《ふ》り返ってみると、「現実」のほうが「夢」より先に進んだことのほうが多かったと言えます。

そのため、今、私は、「夢が小さすぎた」と思って反省しているのです。「ちょっと夢が小さかったかなあ。もう少し大きめに夢を持っておいてもよかったかなあ」と思います。「夢が現実に追い越《こ》されてしまい、現実のほうがもっと進んでくる」ということのほうが多かったのです。

「私の生きている間には無理でしょうね」「今は無理でしょうね」などと言っていたことが、言ったあとに次々と実現していくようなことが、たくさん起きてきました。まことに不思議です。

この学園にしても、二〇〇七年ごろに「つくる」と言ったときには、周りの人たちは、だいたい「無理です」と言っていたのですが、私が、「いや、つくる」と言ったら、本当にできてしまいました。

また、「私の代で大学をつくるのは無理だから、これは次の代の世にでもつくってもらいましょうか」と言っていたら、急につくることになりました。

それから、政治のほうも、今、着々とかたちができてきつつあるところであり、いずれ大きな勢力になってくるのは時間の問題だと思います。

海外についても、「私の代では、海外まではちょっと無理かな」と思っていたのに、「地の果てまでも伝道せよ」と私が言ったら、今、もう九十数カ国（説法《せっぽう》当時。二〇一六年八月時点で百カ国以上）にまで伝道が進んでいて、世界の隅々《すみずみ》まで行くのは時間の問題です。

英語の勉強をしているのは、みなさんだけではありません。当会の職員も、一生懸命《いっしょうけんめい》、英語を勉強しています。

また、英語だけでは足りないので、もっと若い世代である高校生世代や中学生世代にまで、「英語以外の言語も勉強しておいてください。そういうものを一つぐらい勉強してください」と、一生懸命、国際本部が言っているような状況《じょうきょう》です。

今、そのように世界各国で同時に大きな伝道を繰《く》り返しているような宗教は、当会以外には見当たりません。一カ国語ぐらいで頑張《がんば》っているところはあるのですが、多くの言語（二〇一六年八月時点で著作は二十八言語以上に翻訳《ほんやく》）で伝道しているところは見当たらないので、世界的に注目されています。

当会は日本のなかで思っているよりも、はるかに大きなインパクトを海外では与《あた》えているのです。

私ではなく当会の中堅《ちゅうけん》幹部クラスの人が、海外で大臣クラスの人とけっこう会っています。そのくらいの人が会ってくれるのです。首相クラスの人も出てきて会ってくれます。「日本との強力なコネクションをつくりたい」と思っているところがあるのです。当会はそういう団体なのです。そのくらい、今、海外で広がり、力を持ち、有名になっています。

そのように、今、いろいろなところで、当会の言論力も増し、また、政治的な影響力《えいきょうりょく》も増えてきていますし、経済的な面でも影響力が生じています。

一九九〇年代の不況のころに、私の経営理論を学んで起業《きぎょう》した方々の会社が、今、大きな会社になってきており、いろいろなテレビ番組などで成功物語として紹介《しょうかい》されています。当会の信者たちがたくさんテレビに出ています。当会の信者であることをテレビ局も知っていて出しているのです。

現実に、逆風下《ぎゃくふうか》で発展している企業《きぎょう》が数多く出てきているのです。それは、「経営指導の方針が合っている」ということだと思います。「多くの企業が負けていくなかで、勝っている」という企業が現実に出てきているのです。

ですから、当会においては、もう、いろいろなことが無限に可能になってきています。

夢を実現する途中《とちゅう》で出てくる「抵抗《ていこう》」を打ち破って進もう

みなさん、夢が小さすぎると損をしますよ。夢が小さいと現実のほうが追い越していき、あとから考え直して、もう一回、夢をつくらなくてはいけなくなるので、夢は、できるだけ大きく描《えが》いておかないといけません。

簡単に達成してしまう夢は「夢」ではありません。それは「目先の目標」です。夢としては、もっと大きなものを持っていていただきたいと思います。

夢、それから、最終的には大きな最終目標があると思うのですが、夢から最終目標までの途中《とちゅう》に出てくるものが必ずあります。

途中に出てくるものとは何でしょうか。それは「抵抗《ていこう》」です。夢を実現していく過程で、抵抗というものが出てくるのです。それが、夢を実現できない理由です。夢を実現できない理由に当たるものが、途中、抵抗として必ず出ます。

これを打ち破って、最終目標まで行かねばならないのです。抵抗が出ないようなものはありえません。抵抗が出ないのなら、それは夢ではなく、ただの現実にしかすぎないのです。列車でまっすぐにレールの上を走っているだけのことであり、夢ではありません。

夢を抱《いだ》くかぎり、大きな目標が必ずあるはずなので、途中で抵抗が出ます。その抵抗を打ち破り、進んでいかねばならないのです。

その抵抗の打ち破り方が、実に大事な大事な兵法です。

みなさんが成功していくためには、やはり、基本的には、自分の得意な領域、自分の好きな領域で活動することが大事です。自分の長所と思われる方向で、大きな成功を目指すほうがよいと思います。

ただ、自分の好きな領域で大きな成功を目指す過程においても、やはり、抵抗は必ず出てきます。

それは、「そういうことをしたい」と思っている人はほかにもいますし、それを実現させないための、この世的な邪魔《じゃま》に当たるものも、いろいろと存在するからです。

「これをどうやって乗り越えていくか」ということが、みなさんを一回りも二回りも大きくするための試練に当たるわけです。

試練や困難が出たり失敗が出たりすることを、決して恐《おそ》れてはなりません。

みなさんが成功すればするほど、いろいろと悪口を言ったり、ひがんだり、妬《ねた》んだり、足を引っ張ったりする人が出てくることもあります。当学園のなかでは出ないと信じていますが、外の世界から出てくることもあります。しかし、それに負けてはいけないのです。

そのようなものが出てくるということは、みなさんが今、成功のほうに向かって進んでいることを意味しているので、その抵抗を乗り越えていかなくてはなりません。

もし、みなさんを邪魔しているものがあるように見えても、それらには、単に邪魔しているのではなく、みなさんが本気かどうかを試《ため》しているところもあります。あるいは、壁《かべ》を乗り越えてくるだけの力が本当にあるかどうか、試している場合もあります。そのことを知っていただきたいのです。

「それを乗り越えてこそ本物だ」と考え、そういうところを見ている面もあるので、単なる敵や妨害者《ぼうがいしゃ》、邪魔ではないことも多いと言えます。みなさんの実力を、もう一段、鍛《きた》えるために、そういう抵抗が現れてくるわけです。これを打ち破っていかねばなりません。

「どのように打ち破るか」ということに関して、考えを巡《めぐ》らせ、作戦を立て、問題を細《こま》かく分けて細分化し、自分の崩《くず》せるところから崩して、抵抗を破っていくことを考えなくてはいけません。作戦を立てて、「どこから破っていけるか。どこからだったら破っていけるか。そして、夢に向かって近づけるか」ということを考えなければならないのです。

4　幸福の科学学園は「どんどん進化する学校」

民主主義の社会には、いろいろな人材が出てくる強さがある

話は飛びますが、例えば、日本だったら首相、アメリカだったら大統領というのは、なりたくてもなかなかなれない、手が届かないような大きな夢でしょう。

少し古くはなりますけれども、先の大戦のころの話をします。

日本が開戦したときのアメリカの大統領はフランクリン・ルーズベルトです。この人は小児麻痺《しょうにまひ》にかかったため、足が不自由で、車椅子《くるまいす》を使っていました。アメリカでも、車椅子の大統領は、やはり珍《めずら》しいでしょう。

一日中は執務《しつむ》ができないので、ベッドで休みながら、そこでいろいろな書類などに目を通したりしていて、働ける時間は限られていたようです。

日本とアメリカは、そのときには戦争状態でしたから、日本にとってアメリカは敵国であり、ルーズベルトは、にっくき相手ではあったでしょうが、彼は、偉人《いじん》といえば偉人です。車椅子の大統領は、そう簡単に出るものではありません。やはりハンディはあります。

それから、ルーズベルトが亡《な》くなったあと、大統領になったのはトルーマンです。彼が終戦のときの大統領です。

この人は、私の記憶《きおく》では確か高卒だと思います。アメリカの大統領としては、珍しく大学を出ていない大統領です。若いころには紳士服《しんしふく》の商人をやっていましたが、大失敗をして彼の店は潰《つぶ》れています。

したがって、「この人は将来、大統領になる」と、その時点で言っても、周りの人はおろか本人でさえ、「そんなバカなことがあるものか」と言うような状態だったのですが、そういう人が大統領になったのです。もちろん、ルーズベルトが亡くなったからでもあるのですが、副大統領から大統領になったわけです。

　そのように、アメリカでは、車椅子の大統領も、若いときに商売で失敗した大統領も出てきています。

　民主主義の社会には、けっこう、いろいろなところから、いろいろな

フランクリン・ルーズベルト（1882～1945）

アメリカの第32代大統領。「ニューディール政策」を推進して経済を再建。日本の真珠湾攻《しんじゅわんこう》撃《げき》を契機《けいき》に第二次世界大戦に参戦し、連合国の指導に当たるが、勝利を目前に急死した。

ハリー・S・トルーマン（1884～1972）

アメリカの第33代大統領。第二次世界大戦中の1945年、前任のルーズベルト大統領の死を受けて、副大統領から大統領に昇格《しょうかく》。日本への原爆投下を最終決定したとされる。

ルーズベルトとトルーマンの霊言を収録

『原爆投下は人類への罪か？』

なぜ終戦間際に、アメリカは日本に２度も原爆を落としたのか。霊言によって原爆投下の真相を明らかにした、歴史的一書。（幸福実現党刊）

人材が出てくる強さがあるのです。

困難な事態に置かれても、新しい方法を考え出すことは可能

当時の日本はそのアメリカと戦争をしており、敵国でしたが、日本は日本なりに対抗《たいこう》してはいたのです。

しかし、日本は、アメリカに東京を空襲《くうしゅう》されても抵抗《ていこう》できませんでした。空母は全部沈《しず》められてしまいましたし、零戦《ゼロせん》もほとんど落とされてしまいました。爆撃機《ばくげきき》はなく、今の北朝鮮《きたちょうせん》のように長距離弾道弾《ちょうきょりだんどうだん》の開発をすることもできていませんでした。

ただ、ルーズベルトに対しては、なんと仏教の密教《みっきょう》系の僧侶《そうりょ》たちが大勢で祈《いの》り殺そうとし、念力《ねんりき》を集めて祈っていたようです。すると、ルーズベルトは本当に死んでしまいました。

したがって、仏教の密教には、まんざら法力《ほうりき》がないわけではないのです。日本はルーズベルトが本当に死んでしまったので驚《おどろ》き、「ああ、効き目があるのだ」と言って喜んだのですが、次にトルーマンが出てきたわけです。

ともかく、日本は絨毯《じゅうたん》爆撃をされ、あっちもこっちも焼け野原にされて悔《くや》しいので、「何とか反撃したい」と思っていました。

アメリカ人は、「ハワイは奇襲攻撃《きしゅうこうげき》をされたけれども、本土はやられていない」と思っているようです。しかし、実はそれは違《ちが》うのです。

私の高校時代の恩師《おんし》で数学の主任をしていた人は、東京工業大学の卒業生なのですが、次のようなことを話してくれました。

戦時中の日本は、「何とかしてアメリカに一矢報《いっしむく》いたい。どうやったら反撃できるか」と考え、お金のないなかで叡智《えいち》を結集し、〝コンニャク爆弾〟というものを発明したそうです（注。和紙をコンニャク糊《のり》で貼《は》り付けて気球にし、水素を入れて飛ばす風船爆弾。先の戦争の末期に陸軍が使用した)。

これは、コンニャクなどを使って気球をつくり、それに爆弾をぶら下げて、高度一万メートルまでは行かないかもしれませんが、数千メートルまで上げると、偏西風《へんせいふう》に乗ってアメリカのほうまで飛んでいき、どこかで落ちるわけです。

そういうことを考えて実行したのですが、アメリカ西海岸などで「謎《なぞ》の山火事」が起きたりしたようです。

私の恩師は、「アメリカの国民は、本土を攻撃されたことをいまだに知らないだろうが、実は、私たちはそれをやったのだ」ということを自慢《じまん》していたのです。

今、アメリカ国民は、「本土が攻撃された」とは思っていないはずですが、実際にやった人の証言を私は聞いています。〝コンニャク爆弾〟なので、証拠《しょうこ》が残らないものではあったのです。

理科系の秀才《しゅうさい》は、最後には、そういう戦い方をすることもあるのです。話が脱線《だっせん》しましたが、「午後で眠《ねむ》いだろう」と思って脱線しているのです（会場笑）。

みなさん、いろいろなかたちでハンディキャップを持っても、要するに、人と比べてマイナスなことがあっても、その世界で最高レベルまで到達《とうたつ》することもできますし、いろいろと困難な事態に置かれても、新しい方法を考え出すことは可能なのです。そのことを知っておいていただきたいと思います。

最初に「中学英文法の全体」を教えるという新しいメソッド

当学園では英語について、「最初に中学英文法を全部サーッと教えてしまう」ということから始めています。

単元別《たんげんべつ》にバラバラに細《こま》かく習っていくと、英語の全体が見えてきません。勉強しているうちに前の部分を忘れたりして、全体が分からないのです。

普通《ふつう》の学校の授業では一つひとつの文法等を教えていますが、実際の英語には全部の文法が入っているので、いろいろなものが一緒《いっしょ》に出てきます。

そこで当学園は、最初に文法全体の大枠《おおわく》をパッと簡単に教えてから、個別の文法等に入っていくスタイルにしています。全体的に進むのが速いのですけれども、こういう教え方をしている学校は、日本では、たぶんほかにはないと思います。

そのため、最初はショッキングで、開校後の最初の一学期には、ご父兄《ふけい》のみなさんから、「英語が難しくて、うちの子が泣いている。何を言っているか、何を教えているのか分からない」などという不満がたくさん集まってきて、校長は困っていたのです。

ところが二学期になったら、生徒たちが英検にバンバン受かり始めたので、急にみな黙《だま》り始めて、「あれ？　英検に受かる。なんで受かるんでしょう？」という感じで、急に変わってきました。

普通の学校の教え方と違うので最初は信じられなかったのでしょうが、よい結果が出てき始めると、みな黙らざるをえません。それは、「新しいメソッドをつくった」というだけのことです。初めてやるもののことは、ほかの人には分からないのです。

日本の柱、世界への懸《か》け橋になる人材となれ

幸福の科学学園は、「毎年、進化する学校」です。当会は学園についても、「進化する組織」「発展する組織」として考えています。

大学も開きますが、これに関しても、みなさんのご要望を取り入れながら、必要なものを、どんどん、どんどん、つくっていくつもりです。

千葉《ちば》に持っている用地は十万坪《つぼ》もあります。最終的には非常に大きな総合大学をつくれるような準備ができています。

最初につくるのは、それほど大きな大学ではありませんけれども、少しずつ少しずつ大きくしていくつもりなので、期待してくださって結構です。今やっているのと同じように、大学においても、みなさんの意見も取り入れながら、必要なものをつくっていきます。

「将来、日本や世界がどうなるか」ということは非常に大事です。

当会は宗教でもあるので、「未来透視《とうし》リーディング（霊査《れいさ》）」を行い、「未来社会はどうなっているか」ということを数多く調べ、「みなさんが大人になったときに必要なものは、いったい何であるか」ということを逆算して、大学の課程をつくっています。これは、ほかのところでは絶対にできないことです。

みなさんが四十歳《さい》や五十歳になったときに必要になること、これを勉強しただけで、後《のち》に圧倒《あっとう》的な差がついてくるようなこと、その時代、その年代になったときに必要になることを、先にやっておくわけです。そういうことを、今、やっています。

これも先ほどの英語と同じで、全然違う発想から来ています。「未来の社会がどうなるか」ということを見て、逆算し、必要なものを先に教えていくのです。そういうスタイルを取っているので、卒業生は将来、圧倒的に有利な立場になっていくと思います。

みなさんのなかから、日本の柱、そして、世界への懸《か》け橋になる人材が、たくさん出ることを祈ります。

三期生のみなさん、本当におめでとうございます。

Message

夢は、できるだけ
大きく描《えが》いておかないといけません。
簡単に達成してしまう夢は
「夢」ではありません。

夢を抱《いだ》くかぎり、
大きな目標が必ずあるはずなので、
途中で抵抗《ていこう》が出ます。
その抵抗を打ち破り、
進んでいかねばならないのです。

試練や困難が出たり
失敗が出たりすることを、
決して恐《おそ》れてはなりません。

第2章

善悪を知る心

2011年7月20日
幸福の科学学園中学校・高等学校（那須《なす》本校）
一学期終業式にて

1　幸福の科学学園は「日本の教育改革のモデル」

開成《かいせい》高校で学びながら、自分で「教学《きょうがく》」を深めた次男

先ほど、私の次男（大川真輝《まさき》）が話をしました（注。この説法《せっぽう》の前に、大川真輝が「後悔《こうかい》しない受験時代を送るには」という講話を行《おこな》った。『受験の心構え』〔大川真輝著、宗教法人幸福の科学刊〕参照）。

みなさんの参考になったかどうかは分からないのですが、幸福の科学学園には、今、高校三年生がいないので（説法当時）、「最高学年である高校三年生がどんな感じか」ということをお見せしたかったのです（注。当時、大川真輝は開成《かいせい》中学校・高等学校の高校三年生だったが、翌年、早稲田《わせだ》大学文化構想学部

に入学、二〇一六年に卒業し、八月現在は幸福の科学にて専務理事兼《けん》事務局長を務《つと》めている)。

また、先週、彼は当学園の視察に来たので、「感想を言わせてみよう。おそらく、学園生にも学園の先生がたにも、何らかの刺激《しげき》になるのではないか」と思い、あえて出してみました。

彼がこれだけ大勢《おおぜい》の人の前で話すのは初めてなので、上手《じょうず》に話せたかどうかは知りませんが、開成生のレベルはだいたい分かったでしょうか。「彼は、そんなにできるほうではないのです」と言ったら、びっくりするでしょうか。

彼は文科系なので物事をよく知っているのですけれども、彼の学校には優秀《ゆうしゅう》な人がかなりいるので、なかなか苦労しているようです。

中学受験のときには、楽々、開成に合格し、優秀だったのですが、なかに入ったら、けっこう〝団子《だんご》レース〟になっています。優秀な人たちがバシッと固まっていて、わずかな点差の幅《はば》のなかに、ものすごい数の人がいるので、現在、厳しい環境《かんきょう》下にいます。

彼は幸福の科学学園について、「なかがいろいろあるようですね」というようなことを言っていましたが、開成の生徒たちは、ある意味で、非常に接近した戦い、〝接近戦〟をしています。大学を受験しても、「誰《だれ》が受かり、誰が落ちるか」が分からないような状態で、学校が走っている感じなのです。学校以外での成績や、「塾《じゅく》など、ほかのところで、どんなことをやっているか」ということについて、お互《たが》いに分からない面があり、そういう状態で、現在、走っているようです。

そのなかで彼は、先ほどの話を聴《き》いても分かると思いますが、当会の「教《きょう》学《がく》」を自分でかなりやっています。ほかの子が塾で費《つい》やした時間の何割かを、教学のほうにシフトしているのです。それがどのように影響《えいきょう》するかは知りませんが、将来の仕事を見据《みす》えて、現在、それをやっているようです。

彼の先ほどの話は、みなさんにとって、何らかの刺激にはなったのではないかと思います。

今は平凡《へいぼん》な開成生ですが、〝元《もと》大秀才〟で、中学校に入るまでは大秀才でした。今はもう、秀才のまとまったグループに入っているので、なかなか苦戦しているようではあります。

「偏差値《へんさち》」と「善悪を知る心」は必ずしも一致《いっち》しない

今日（二〇一一年七月二十日）は「善悪を知る心」というテーマを掲《かか》げたのですが、「勉強がよくできる」とか、「偏差値《へんさち》的には上か下か」とか、そういうことと、「善悪が分かるかどうか」ということとは、必ずしも一致《いっち》しないのです。

真輝が今の学校に入る前から、もう情報としては聞いていたのですが、「開成は、とにかく、よく傘《かさ》がなくなるところで」と、お母さんがたがかなり言っていました。今日のように雨が降ったりすると、「すぐ傘がなくなる」と言われているのです。

傘を忘れた子がほかの子の傘を持って帰るので、傘が順番になくなっていき、傘がしょっちゅうなくなるので、これについては、もう諦《あきら》められており、盗難《とうなん》とは考えないで〝自然現象〟と見ているようです。そういう学校なのです。「傘がなくなることぐらい当たり前だろう」というような感じになっているわけです。開成の生徒たちは勉強がよくできても、そういうことについては何も感じていないようなところがあるらしいのです。

したがって、「道徳的な教育が、進学校ではあまりなされていない状態ではないか」と感じられます。また、「それを教える人もいないのかな」と思います。

「宗教的なバックボーンが学校にあるかないか」というのは非常に大きなことであり、後々《のちのち》の人生に影響を与《あた》えることになるだろうと考える次第《しだい》です。

先ほど、私は終業式が始まるときからずっと見ていたのですが、「幸福の科学学園がどんどん進化してきているなあ」と感じます。「もう一つの生き物として進化中である。毎年毎年、脱皮《だっぴ》しながら進化してきている」という印象を受けています。

できてから一年少々しかたっていませんが、その実績はそうとうなものだと思います。もう栃木《とちぎ》県ではかなり有名になってきていると思いますし、ほかの県にもそれが波及《はきゅう》しつつあるところです。

ある意味で、私は、「幸福の科学学園中高と大学とで、日本の真の教育改革をやろう」と考えています。

教育改革を行う際、抽象的《ちゅうしょう》な考え方だけを出しても、実際にはできるものではありません。学校の先生がたや父兄《ふけい》、子供たち、周りの人たちなどから、「現実は難しいのだ」という言い訳が必ず返ってくるのです。

やはり、実践《じっせん》してみないと、「できない」ということになるので、実際に学校をつくり、実践してみて、「これからの日本の教育改革のモデルとなりうるかどうか」ということを見ています。これを目標にして、今、やっているのです。

幸福の科学学園を視察し、感激して帰っていった人たち

幸福の科学学園中学校・高等学校の関西校も、今、認可に向けて努力しており、もうすぐ認可は取れるのではないかと思いますが〔注。その後、認可を得て、二〇一三年春、幸福の科学学園関西中学校・高等学校〔関西校〕が、滋賀《しが》

県大津《おおつ》市に開校した。本書第3章参照）、関西校をつくるに当たっても、この那須《なす》本校をいろいろな人たちが見た評判等が、やはり一つの参考にはなっています。

また、千葉《ちば》県には、千葉正心館《しょうしんかん》のすぐ隣《となり》に十万坪《つぼ》という大きな土地をもうすでに購入《こうにゅう》してあり、二〇一六年に幸福の科学大学を開学する予定なので（注。開学予定は二〇一五年に前倒《まえだお》しになり、ハッピー・サイエンス・ユニバーシティ〔ＨＳＵ〕として開学した。本書第1章参照）、今年（二〇一一年）から、かなり具体的な設計に入っています。

そこは、九十九里浜《くじゅうくりはま》に面している長生村《ちょうせいむら》というところです。

そこの村長さん（当時）や有力者たちは、先日、この幸福の科学学園を視察に来て、とても感激して帰られました。その方たちは、「こんないい子たちばっかりなんですか。この子たちが大学にやってくるんですか。では、ぜひとも来ていただきたいですね」と言っておられました。そのような評価を頂いたのです。

みなさんが礼儀《れいぎ》正しく、きっちりと話ができることに感動しておられ、「こういう子たちが大学生に上がってくるのだったら、ぜひとも来てもらいたい」ということでした。

そして、「本当に大学をつくってくれるんでしょうね?」と、何度も何度も念押《ねんお》しをされました。東日本大震災《だいしんさい》で地震と津波《つなみ》があり、九十九里浜のうち、千葉正心館がある辺りだけは津波が避《さ》けて通ったのですが、向こうは、「津波の恐《おそ》れがあるので、もしかしたら建てないのではないか」と心配し、いちおう確認してきたのです。

当会は、「いや、うちは平気で建てますよ」と答えました。

「じゃあ、震災は関係ないんですね」と訊《き》かれたので、「関係なくやります。

〝波切《なみき》り型〟の校舎を建て（笑）、津波が来ても、それを避《よ》けられるようにします。村の方々が避難《ひなん》できるようにつくりますので大丈夫《だいじょうぶ》です」という返事をしたのです。

村としては、道路やバスなどの計画を立て、いろいろと交通網《もう》等のインフラを整備しなくてはいけないので、本当に建ててくれるかどうか確認してきたわけですが、みなさんの姿を見て、「こんな子たちだったら来てほしい」と言ってくれていたので、「ありがたいことである」と思います。

普段《ふだん》の生活も「人間としての実力」の表れであり、信用になる

このように、普段《ふだん》の生活そのものも、その一つひとつが「人間としての実力」の表れであり、信用になっていきます。これは大事なことなのです。

学校での勉強は、それを知っている人にとっては意味があることではありま

すが、実社会に出れば、「学校の成績はどうであったか」ということは、ほかの人には分かりません。

「予備校での試験で何番を取ったか」「塾で何番だったか」などということは、そのなかにいる人にとっては意味のあることではあっても、社会に出たら、もう意味がないことになって、その人から出ている全人格的な人柄《ひとがら》が非常に大きな仕事をするようになります。

特に、この学園では、「しつけ」がしっかりとなされてきているようなので、このあたりの印象は非常に強いのです。

ほかの学校に行っている人たちの場合、意外に「しつけ」ができていません。みなさんに高得点が入っているのは、折り目正しさや人に接する態度等のところです。これは非常に大きなものであり、よそから来た人には違《ちが》いがはっきり分かるのですが、なかにいる人には「当然のことだ」と思えていて、分からないのです。

うちの長男（大川宏洋《ひろし》）も、少し前にこの学園を視察に来ているのですが、学園の生徒たちはたいへん礼儀正しく、「こんにちは」などと言って挨拶《あいさつ》をしてくれたそうです。

生徒たちは相手が誰なのかを知っていて、挨拶をし、礼儀正しくしながら、一定の距離《きょり》をきちんと保ち、それ以上は近寄らず、「何をしに来ているのか」と訊いて迷惑《めいわく》をかけたりしないようにしていたようです。このように、実に見事な距離の取り方をしていたのです。

礼儀正しくにこやかに接するけれども、妙《みょう》にワアッと寄ってきたりはしないわけです。

同じ幸福の科学であっても、学生部のほうになると人がワッと寄ってきて、たちまち、質問されたり、サインさせられたり、いろいろなことが始まって、何もできなくなってしまいます。

しかし、学園生は、挨拶をしてにこやかにしながら、絶妙《ぜつみょう》な距離の取り方をし、お互いに侵《おか》さない程度のところで止《と》めているので、長男は「これはすごい」という言い方をしていました。

これは先生がたをはじめ、みなさんの日ごろのご精進《しょうじん》の賜物《たまもの》かと思います。

先ほど傘の話をしましたが、都市部では今、いろいろと誘惑《ゆうわく》が多いので、先生がたの心配も非常に多いのです。「まっすぐ家に帰りなさい」と言っても、なかなか帰ってはくれないため、夜、駅の周りをパトロールしている先生もいます。いろいろな学校でそういうことがあるのです。

そのあたりにおいては、「信用がどれほど大事か」ということを、ひとつ、みなさんも知っていただきたいと思います。

全寮《ぜんりょう》制の学校は「全人格教育」の場

「親元を離《はな》れて生活している」ということだけでも、そうとうな信用があるのですが、この学園は全寮《ぜんりょう》制であり、みなさんは、他の生徒たちの目があり、また、ハウスペアレント（寮専属スタッフ）たちの目や先生がたの目もあるなかで生活しています。ここは、そういう「全人格教育」の場なのです。

ある人は、「『今は、経営者、会社の社長などが、跡継《あとつ》ぎの子弟《してい》を預けたい学校はない』と言われているけれども、唯一《ゆいいつ》、そういうものがあるとすれば、それは、宗教家がつくり、運営している、全寮制の学校である。そういう学校があれば、そこに子弟を送り込《こ》むのがいちばん跡継ぎ養成になる」というようなことを書いていました。

精神的なバックボーンというか、「高貴《こうき》なる精神」が植えつけられることが、その理由の一つです。

また、全寮制だと、忍耐《にんたい》する心や精進の心、それから、「同級生とどうやって共に生活していくか」「上下関係をどのようにしながら、生活と勉強を両立させていくか」ということなどの人間関係を学ぶこともできます。

そのような理由で、「企業《きぎょう》の二代目や三代目を養成するのなら、宗教家が運営しているか、あるいは教えている全寮制の学校に入れるのがいちばんよい」というようなことを言っている人もいるのです。

当会と学園の場合は、まさしく、そのようなかたちになっていると思うので、おそらく、みなさんも知らず知らずの間に、「人間関係の調整の仕方」や「困難な事態があったときに、どうやってその問題を解決し、乗り切るか」ということ、あるいは「自分たちの力で、ものをつくっていくことの大切さ」など、いろいろなことを、今、学んでいると思うのです。

幸福の科学学園の寮生活（那須本校）

寮生活の一日

6：30	起床
6：45	お祈り
6：50	作務《さむ》（掃除）
7：00	朝食
8：00	登校
	授業
15：40	部活動・自由時間
18：00	夕食
19：35	お祈り
19：55	学業修行
22：30	中学生消灯
23：00	高校生消灯

寮の部屋は２人部屋
（高校３年生は１人部屋）

食事は500席ある
広々とした
カフェテリアで

作務《さむ》（掃除）や洗濯も
生徒が行い、自立心を養う

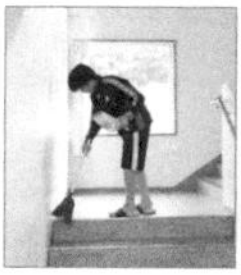

大川隆法記念講堂
で開催される
夜のお祈り

自由時間や
学業修行の時間には
さまざまな場所で
熱心に勉強する姿が

「こうしたものの力は、あとになるほど、だんだん、だんだん、効《き》いてくるものだ」と考えています。

学業でも部活でも快進撃《かいしんげき》をしている幸福の科学学園

校長先生からも説明がありましたが、みなさんは、学業の面でも、部活（クラブ活動）の面でも、いろいろなところで快進撃《かいしんげき》をなされているようです。思想や信条のレベルとは関係なく、この世的に見てもきちんと認められているというか、みなさんが頑張《がんば》っておられるのは、とてもよく分かります。

「英検の二次試験に百パーセント合格している」という、こんな学校は、たぶんほかにはないでしょう。日本中を探しても、おそらくないと思います。

なぜかというと、普通の学校では英検用の授業はしませんし、塾では受験用の授業を行い、英検用の授業をしないからです。このあたりについては個人の

那須本校の部活動紹介

那須本校では、チアダンス部、野球部、サッカー部、陸上競技部、女子テニス部、男子テニス部、バスケットボール部、水泳部、剣道部、弓道部、合気道同好会、吹奏楽部、美術部、演劇部、合唱部、書道部、茶道部、英語部、理科部、鉄道研究同好会が活動しており、各種大会等で、優勝経験や受賞経験を積んでいる。

（2016 年 8 月現在）

チアダンス部

中学チームが全国大会で 4 年連続優勝、世界大会で２度優勝しているチアダンス部。（上）「USA ナショナルズ 2016」全国大会に出場した中学・高校チーム。（下）2016 ワールド スクール チアダンス選手権ポン部門での中学チームの優勝演技。

中学校

- ダンスドリル・ウィンターカップ全国大会 ソングリーダー部門 優勝・総合準優勝
- 2016 ワールド スクール チアダンス選手権 ポン部門 優勝
- USA ナショナルズ 2016 全国大会 ソングポン部門 優勝・総合得点第１位 ほか

高等学校

- JCDA 全日本チアダンス選手権全国大会 ポン部門 第 4 位
- USA ナショナルズ 2016 全国大会 ソングポン部門 第 5 位 ほか

テニス部

男子

- 県夏季中学生テニス選手権大会 シングルス優勝
- 県秋季中学生テニス選手権大会 団体優勝 ほか

女子

- 栃木県総合体育大会 団体優勝
- 全国高校総体（インターハイ）出場 ほか

野球部

秋季大会　県ベスト 8 ／県北大会　優勝

吹奏楽部

栃木県吹奏楽コンクール 高校 B 部門 金賞
栃木県吹奏楽ソロコンテスト 高校部門 金賞

努力に任《まか》されているところが多いのですが、「二次で百パーセント受かる」というのは、学園がそうとう力を入れ、先生がたがきちんと指導している証拠《しょうこ》です。

それから部活のほうでも、いろいろとカップをもらったりしています。チアダンス部はすごい快進撃をしているようですが、彼女たちのダンスを三十秒か一分ほど見ただけで、そうとうなレベルまで行きそうなことはすぐに分かります（注。中学チームは全国大会で四年連続優勝、世界大会で二度優勝している）。

部活のほうで頑張ったことも、自分にとって、そうとう自信になり、将来の資産になります。

また、関東大会や全国大会など、いろいろなところで幸福の科学学園の名前が目につくようになってきたら、みなさんは、まだ未成年ではあっても、「教団の伝道の一翼《いちよく》を担《にな》っている」ということにもなるはずです。

そういう意味で、今、みなさんは非常に大きな力を持っていると思います。

学校を持っていることは宗教にとって「信用のもと」

「学校を持っている」ということは、宗教にとっても、非常に「信用のもと」になります。

宗教法人そのものが聖域《せいいき》ですけれども、もう一つ、学校法人も聖域なので、この二つの聖域を持っていて社会的に信用がついてくることは、非常に大事なことなのです。

今、新聞等では、私の著書などを中心に大広告を打ったりしています。先日、七月十日の幕張《まくはり》メッセでの「御生誕祭《ごせいたんさい》」について全五段の広告が全国紙に出ましたが、この二十年間ほど、そういう広告はなかったのです。

通常、宗教の講演会の大きな広告が全国紙に出ることはありません。ところが、一千万部発行されている新聞で出ましたし、ほかの各紙にも講演会の告知が出ました。そうとうの信用がなければ、そういうことはありえないのです。

当会は今、いろいろな領域で信用を確立しているところです。教団としても、また、教団に関連のあるいろいろな団体としても、信用をつくっていくために努力しているところなのです。

2　「よいリーダー」になるには

リーダーには「判断力」や「決断力」が要《い》る

「人間としての信用をつくるのに、いちばん大事なスタート点は何か」というところに話を持っていくと、それはやはり、「善悪を知る心を養《やしな》えているか」ということだと思います。

善悪を見極《みきわ》めるのは難しいのです。

宗教的には、あるいは神学《しんがく》的には、「どちらが善で、どちらが悪か」「どちらが神の側で、どちらが悪魔《あくま》の側か」ということは、ある程度、判定はつきます。

しかし、例えば、寮《りょう》生活のなかで起きることやクラスのなかで起きることなど、この世でのいろいろな生活のなかでぶつかる問題での善悪には、全部が全部、規則があるわけではないので、非常に難しいところがあると思うのです。

そういう、いろいろなぶつかり合いのなかで、「どちらが善であるか」「何が善であるか」ということを考え抜《ぬ》き、解決していく力をつけると、人間としての力が非常につくのです。

判断力、あるいは決断力というものを身につけてくると、自《おの》ずから指導者への道が拓《ひら》けてきます。

経営者であろうと政治家であろうと、何でもそうですが、社会に出てリーダーになっていく場合、最後には、やはり、「判断する力」が大事なのです。

この「判断する力」をつけるために、みなさんは勉強しているのです。

今、受験勉強などを中高で六年間やっていますが、いろいろな知識を身につけ、それで問題を解いたりしているなかで、知識のベースを高めつつ、判断力のレベルを上げていこうとしています。

実社会での仕事では、いろいろな業務を勉強し、その時点その時点で判断を加えていかなくてはなりませんが、そのための判断力を今、養っているのです。そして、部長や重役、社長など、上の立場になってきたら、「判断力」を超《こ》えて、「決断力」と言うべきものが要《い》ります。そのような立場になると、会社の運命を担《にな》って大きな決断を下《くだ》さなくてはいけないのです。

物事において判断に迷うようなときには、どちらにも、ある程度、言い分があることが多いと言えます。どちらにも言い分があり、どちらにも、よいところも悪いところもあるのですが、これをグーッと見ながら、「最終的に自分の会社が生き残るには、どうしたらよいか」ということ、あるいは、「この国のためになるには、どうしたらよいか」ということを考え、決断を下さなくてはいけないのです。

その決断に対しては、賛成する人もいますが、反対する人も当然出てきます。

しかし、賛成も反対も両方とも出てくるのを承知の上で、考えに考えて、「正しい結論はこれだ」という判断を下し、決断を下して、それを実行してみせなくてはなりません。

これがリーダーとしての醍醐味《だいごみ》です。

みなさんの受験勉強は、その基礎力《きそりょく》をつけるレベルなのです。

実社会で力を発揮するのは「本を読み続ける人」

英語でも数学でも、いろいろな問題は出るでしょうし、いろいろなことはあると思いますが、それは、みなさんが社会に出たとき、いろいろな仕事に応用が利《き》いていくような能力を身につけるためのものです。

高校では文系と理系とに分け、「数学や理科ができるから自分は理系だ」とか、「数学ができないから文系だ」とか、単純に考えることは多いのですが、「そんな甘《あま》いものではないのだ」ということを知っていただきたいのです。

先ほど言った開成では、高校生になると、成績優秀者《ゆうしゅうしゃ》には理系がズラッと並びます。数学や物理などではものすごい高得点が出るのですが、文科系の科目ではそんなに点を取れないので、上位には理系がザッと並ぶのです。

上位百番以内のうち七十人以上は理系とか、あるときには文系は十人ぐらいしか百番以内に入れないとか、そういうことが起きるわけです。

ところが、実社会に出ると、今度は文系のほうがリーダーや使う側になったりして、「あれ？　俺《おれ》より成績は下だった人が上に立っている」ということが実際に起きるのです。

不思議なことに、「日本のナンバーワン校のようなところにおいて理科系で優秀だった人でも、例えば日立《ひたち》等のメーカーに入ると、せいぜい技術部長ぐらいまでしか行けない」というようなことはたくさんあります。

ただ、本当に大きな会社の経営者には、技術系出身の人がわりに多いのです。なぜかというと、「自分は理数系の科目がよくできる」と思って理系に進んだ人のなかには、実際には文系的な素養を持っている人がいるのです。それは、理系に進んだものの、実は小説をよく読んだり、歴史が好きだったり、政治や経済に関心があったりする人たちです。

理系の人の九割はそういうものにはあまり関心がないのですが、理系でも一割ぐらいの人たちは、そういうものに関心を持っています。理系には、文系的な素養を持ち、文系でも通用するような人が一割ぐらいいるのです。

メーカー等に就職しても社長まで上がっていくタイプは、そういう人なのです。

みなさんのなかでも、文科系のほうには、今、数学や理科ができず、劣等感《れっとう》に悩《なや》んでいる人はたくさんいると思います。

数学や理科は、専門的な職業に就《つ》くには非常に大事な学問であり、何らかの資格を取って専門的な職業に就くには、数学や理科ができないといけないのですが、文科系の科目を学ぶと幅広《はばひろ》い教養が身につき、「いろいろと総合的な判断ができるような能力」が身についてくることがあるのです。

先ほど、「多読賞《たどくしょう》」と言って、図書館でたくさん本を読んだ人を表彰《ひょうしょう》していました。珍《めずら》しい表彰だと思いますが、「多読」は力の源泉の一つです。私もかなりの多読をし、それを力にしました。

大学に四年間いても、大学の教科書以外は読まないという人はたくさんいます。「教科書だけを勉強しておけば、あとは遊んでいても大丈夫《だいじょうぶ》だ」と考える人です。

しかし、授業とは関係なく、教養をつけるためにいろいろな本を読んでいき、卒業してからも読み続ける人もいるわけです。実社会に出てから実際に力が出てくるのは、このタイプです。

目標として与《あた》えられたもの以外のところを勉強していく人たちが、力を持ち、社会に出てから伸《の》びてくるのです。

そのように、知識を増やしていき、自分の苦手《にがて》なところ、あるいは得意領域の周辺を自分で開拓《かいたく》していく能力を持っている人だと、将来的に伸びる可能性は非常に高いと思います。

英語ができないと世界では通用しない

英語については当学園も非常に力を入れており、実績もそうとう出ていますし、将来的にも、おそらく明るい未来が開けるものだと思います。

みなさんのなかには英検になかなか受からず、苦しんでおられる方もいるかもしれませんが、当学園の実績そのものを見ればそうとうなものです。全国的に見ても、かなりのレベルまで行っていると思います。

大学生であっても英検２級を受けて受からない人は大勢いますし、東大の卒業生であっても、英検２級を受けて落ちる人はたくさんいるのです。

大学卒業後、企業《きぎょう》に入ると、いろいろな試験を受けさせられますが、英語をよく使う職場の人でも、英検２級を受けて半分ぐらいは落ちます。英語を使わない職場だと、もっともっと落ちるので、それほど簡単に受かるものではないのです。

ところが、当学園は中学や高校でどんどん英検に受からせているので、素晴《すば》らしいと思います。これは将来、きっと大きな力になるでしょう。

はっきり言って、今、日本の国際競争力は落ちていますが、これを回復させ、日本が世界のリーダーに返り咲《ざ》いていくためには、英語力を伸ばさなくては、どうしても駄目《だめ》なのです。

今は中国や韓国《かんこく》に大きく差をつけられていますし、ほかのアジア諸国に比べても日本の英語力はすごく落ちています。

もちろん、直前の「ゆとり教育」でそうとう手を抜いたことも原因ですが、全体的に言えることは、「日本は大国なので、日本語だけができたら何とか生活でき、それで済むところがある」ということです。

しかし、英語ができないと世界では通用しないのです。

英語を母国語とする国民は四億人か五億人しかいないのですが、それ以外に、母国語ではなくても、英語を使って仕事をしている国民が十億人ぐらいいます。そういう、公用語として英語を使っている人たちを十億人ぐらい足して、十四、五億人は、英語を使って実際に勉強したり仕事をしたりしているのです。

世界でもレベルの高い国がだいたい全部そうなっているので、「英語ができりますか」ということは、国際人になるための非常に重要なキー（鍵《かぎ》）になります。

ただし、天才は要《い》りません。たまには、いるかもしれませんし、みなさんのなかにも、今、中学生などで、「語学の天才」という人がいるかもしれませんが、そういう天才たちであっても、実社会に出て英語を使っている人たちとの力の差は歴然としています。

仕事で実際に英語を使っている人たち、毎日毎日、英語で仕事をしている人たちに、中学生や高校生の英語の天才がぶつかっても、絶対に敵《かな》いません。それくらい知識や経験の厚みが違《ちが》うのです。

したがって、「『天才か、そうでないか』という差は、努力の量や経験の量の差にしかすぎないのだ。今、追いつかなかったら、時間をかけてやるしかないのだ」と思ってくだされば結構だと思います。

「部活等での努力」は決して無駄《むだ》にはならない

部活をやりすぎたために、成績が下がっている人もいるでしょう。そういう人は、今は、やや後《おく》れているかもしれませんが、いずれ挽回《ばんかい》するチャンスはあります。一年ぐらい後れることはあるかもしれませんけれども、その力や根性《こんじょう》、努力はいつか役に立ちます。それは無駄《むだ》にはならず、実社会に出たら、必ずよきリーダーになるための力や仕事での体力になると思います。

「今、当学園は、あらゆる面においてよい方向に進んでいる」と信じています。

3 「善《よ》いこと」と「悪いこと」をどう判断するか

細《こま》かい規則に従い、「人間としての品性《ひんせい》」を養う

学園規則や寮《りょう》規則等で細《こま》かいことについてもいろいろと指導されていて、大変かとは思います。しかし、今、日本でそんなことのできる学校はほかにないのです。

みなさんのなかには、「なんだ、細かいことを言うなあ。小さいことについて、たくさんガミガミ言われる。校長先生は昔、東大で、勉強せずに遊んでいたくせに、偉《えら》そうに細かいことを言うなあ」と思っている人がいるかもしれません（会場笑）。

実際にそうです。校長は東大の仏文科《ふつぶんか》出身ですが、文学部の仏文科、フランス文学科は、昔からだいたい、ワインや食べ物などに関心があり、女性とデートしたり映画を観《み》たりするのが好きな人が行くところで、学校へあまり通わなくても卒業できたところなのです。

校長先生も一生懸命《いっしょうけんめい》、山歩きをしたりして、遊びに励《はげ》んでおられた時代があったことを私も知ってはいますが、その人が今、細かいところを一生懸命、ついています。

それに対し、「こんなことまで言わなくてもいいじゃないか」と思うこともあると思うのですが、それができる学校は、今、日本にはほとんどないのです。

宗教の学校であればできるかというと、そんなことはありません。

私の住んでいる所の近くに、進学率はそこそこよい、仏教系の進学校がありますす。浄土宗《じょうどしゅう》系の学校です。

ここは上履《うわば》きがよくなくなることで有名です。上履きがよくなくなり、それが天井《てんじょう》の下の梁《はり》にたくさん置いてあって、取れないらしいのです。誰《だれ》が登って置くのか知りませんが、他人《ひと》の上履きをそういう所に置く人がいるわけです。また、財布《さいふ》もよくなくなるようです。

浄土宗系は「すべてを阿弥陀《あみだ》様にお任せする」というような考えであり、自《じ》力《りき》の考えではないので、学校側がそれをあまり追及《ついきゅう》しないのかもしれません。そういう盗難《とうなん》や紛失《ふんしつ》がたくさん起きていても、学校側があまり叱《しか》れず、放置しているような状態になっているようです。

宗教系の学校であっても、厳しく指導するのは、それほど楽なことではないのです。

したがって、当学園の先生がたも、また、ハウスペアレントの人も〝嫌《いや》な仕事〟をしているのだとは思いますが、それは、みなさんが卒業したあと、みなさんの「人間としての品性《ひんせい》」になって表れてくるので、どうか、善悪の区別をつける練習をしてください。

世界的な宗教に流れている「ゴールデン・ルール」

「善悪について一言《ひとこと》で分けるとすると、どう言って分けますか」と訊《き》かれたとしたら、どう答えたらよいでしょうか。

大きな宗教には必ず、「ゴールデン・ルール」というものがあります。ゴールデン・ルールとは、要するに、「自分が他人からしてほしくないことは、他人に対してするな」ということです。

逆に言えば、「自分が他人からしてほしいことを他人に対してしなさい」ということです。

これがゴールデン・ルールであり、キリスト教や仏教など、世界的な宗教には、みな流れています。

「これは正しいか、正しくないか」が分からず、善悪が判断できなかったら、「自分がほかの人に対してやろうとしていることをほかの人からされて、うれしいか、うれしくないか。それをしてほしいか、してほしくないか」ということを考えればよいのです。

自分がしてほしくないようなことを、ほかの人にしないことが大事です。いじめでもそうです。自分がいじめられたくない人は、他人をいじめないことです。また、自分が大事にしているものを盗《と》られたら嫌な人は、ほかの人から盗ってはいけませんし、自分が他人から殴《なぐ》られたくない人は、他人を殴ってはいけないのです。

「善悪を判断する基準」はいろいろあって難しいのですが、「大きく一つだけ言え」と言われれば、それはゴールデン・ルールです。「自分が他人からしてほしくないようなことは、他人に対してするな」ということを基準にして物事を判断すれば、細かい規則がなくても判断できるはずです。

「自分がこれをされたら、どう思うか」ということだけを考えて判断していけば、大きな間違《まちが》いはなく、善悪を知ることができるようになると思います。

そういうことを教えることができるのも、宗教を基礎《きそ》とした学校の強みだと思います。

みなさんのますますのご精進《しょうじん》、ご発展を祈《いの》ってやみません。

Message

ゴールデン・ルールとは、要するに、

「自分が他人《ひと》からしてほしくないことは、

他人に対してするな」ということです。

逆に言えば、

「自分が他人からしてほしいことを、

他人に対してしなさい」ということです。

これがゴールデン・ルールであり、

キリスト教や仏教など、

世界的な宗教には、みな流れています。

「善悪を判断《はんだん》する基準」はいろいろあって

難しいのですが、

「大きく一つだけ言え」と言われれば、

それはゴールデン・ルールです。

第3章

幸福の科学学園の未来に期待する

2013年4月7日
幸福の科学学園 関西中学校・高等学校（関西校）
第一回入学式記念法話《ほうわ》

1 関西校の第一回入学式の日を迎《むか》えて

私にとって〝最も難しい講演会〟

関西校のみなさん、それから衛星中継《ちゅうけい》で観《み》ておられる那須《なす》本校のみなさん、ご入学おめでとうございます。

中学一年生が入ってくる入学式の日の講演会は、私にとって〝最も難しい講演会〟であり、私がいちばん恐《おそ》れている講演会なのです。

というのも、中学一年生はお昼ご飯《はん》を食べたあと、みな眠《ねむ》くなってくるので、私にはいつも、「眠らせまいぞ」という大変な決意が必要であり、難しいのです（会場笑）。

高校生になると少し話が分かってくれるようになり、配慮《はいりょ》してくれるようになります。

（中学一年生たちに）四十分間、頑張《がんば》ろう。これを頑張らないと授業についていけません。

私の講演は大人も聴《き》いているので、残念ながら、完全に中学一年生のレベルまでは下ろせませんが、分かるところだけでも理解するようにしてください。

海外に積極的に挑戦《ちょうせん》している幸福の科学学園

みなさんの先輩《せんぱい》である那須本校の中学チアダンス部のみなさんが、今年（二〇一三年）の一月と三月に全国大会で二回優勝し、春休みに中学の部でロサンゼルスでの世界大会に出て、見事、「準優勝」という結果が先ほど入ってきたところです（注。中学チアダンス部は、二〇一三年四月、ダンスドリル世界大会ジュニア・オープン・ラージ部門で準優勝を果たした。なお、翌二〇一四年四月には、ジュニアハイ・オープン部門で第一位、ジュニアハイ総合でも第一位を獲得《かくとく》し、世界大会で総合優勝を果たした。本書第2章参照）。

実を言うと、当会のなかでは、幸福の科学学園が、今、いちばん激しく外国を〝攻《せ》めて〟いるのです。

ついこの前には、新高二生が研修でボストンとニューヨークに行き、三年連続でハーバード大学に〝挑戦《ちょうせん》〟してきています（注。研修生たちはボストンでハーバード大学を見学した）。また、中学の部はオーストラリアに行きました。

関西校は、まだ行く場所を選んでいる段階だと思いますが、中学の部は、おそらく、治安《ちあん》のよい英語圏《けん》へ研修に行くことになると思いますし、高校の部についてはアメリカの西海岸あたりを考えているところです（注。その後、関西校では、中学生はオーストラリア、高校生はアメリカ西海岸で海外語学研修を

関西校「海外語学研修」

中学３年生は秋にオーストラリアへ、高校１年生は３月にロサンゼルスやサンフランシスコなどアメリカ西海岸へ、全員参加の海外語学研修を体験する。ホームステイや現地校との交流、各種施設の視察を通して見聞を広め、真の国際人を目指す。

2015年 中学3年生「オーストラリア・シドニー7日間」

20世紀を代表する近代建築物であり、建造年代が最も新しい世界遺産でもある、シドニー・オペラハウスの前で。

▼現地校との交流では習字を紹介(上)。ホームステイ先では、英語でのコミュニケーションにチャレンジした(下)。

2016年 高校1年生「アメリカ西海岸9日間」

幸福の科学のサンフランシスコ支部を訪問。学生代表が英語でスピーチを行った。

▼名門スタンフォード大学を見学。大学内にあるスタンフォード・メモリアル・チャーチの前で。

▼ゴールデンゲートブリッジを見学。

ステイも兼《か》ねた海外語学研修を予定
行《おこな》った)。
当学園は、中学と高校とで二回、ホームステイも兼《か》ねた海外語学研修を予定しているのです。

それをやると、学園生のみなさんが、国際人になるための努力を非常によくするようになるのです。海外に行くとグーッと集中力が増しますし、帰ってきたあと反省して、また勉強する気になるので、今のところとてもよい効果が表れています。

チアダンス部も海外に行きましたが、当学園の場合、国際性がとても高いので、「海外に攻め込《こ》んでいく」という感じが非常に強いのです。「そのあたりの積極性は優《すぐ》れたものだな」と思っています。

学園生たちは、さまざまな面で活躍《かつやく》している

ただ、これは驚《おどろ》くべきことなのです。今回、ロサンゼルスへ行かれたチアダンス部のみなさんは、ほんの三年前に、みなさんと同じように入学された那須本校の第一期生であり、その一期生と二期生、三期生が中学の部をつくっています。

みなさんも経験されたと思いますが、当学園の入学試験には体育実技がなかったと思います。したがって、「ダンス、踊《おど》りがうまいかどうか」ということで入れたり落としたりはしていなかったと思いますし、「笑い方が上手《じょうず》かどうか」など、そんなことは全然見ていないと思います。

特に「チアダンスをやろう」と思って入ったわけではない人たち、本当の素人《しろうと》集団が、入学してから三年間、訓練を積んだ結果、国内の大会を続けて制《せい》

覇《は》しました。ただ、これは偶然《ぐうぜん》ではないのです。

また、強豪《きょうごう》がたくさんいるアメリカで準優勝に食い込みました。これは、まことに珍《めずら》しく、伝統ある学校であっても、「学校の歴史で一回あるかないか」というぐらいのことかと思いますが、当学園は最初から、そういう伝統をつくりに入っているのです。

これ以外のところでも学園生の活躍《かつやく》はたくさんあり、テニスで優勝したり、水泳で上位に食い込んだりしていますし、絵を描いた生徒が全国的なトップランキングに入り、表彰《ひょうしょう》されたこともあります。

そのように、学園に入ったみなさんは、この教団の大人たちが頑張っている伝道を支えるべく、「自分たちにできることは何かないか」と思い、頑張っているのです。

先日、私のところに来た報告を見ると、次のようなことが書いてありました。

那須本校は山のなかにあるので、正門から校舎まで一・五キロぐらいあるそうです。ここを往復すると三キロほど移動することになるので、走る練習にはちょうどよいぐらいなのです。

那須のほうの黒羽《くろばね》でマラソン大会があり、高校生女子（五キロメートル）の部では上位十名中、八名が幸福の科学学園の生徒だったそうです（会場拍手《はくしゅ》）。快挙《かいきょ》と言うべきかどうかは知りませんが（笑）、そんなこともあって、「どうなっているのだろう」と思い、驚きました。「マラソン大会の高校女子の部で、十位以内に同じ学校の生徒が八名も入った」という話は聞いたことがないので、これは「よほど走り込んでいる」ということでしょう。

思いのほか、強力な体力を持った人たちが出来上《できあ》がっているらしいことが分かります。山の地《ち》の利《り》を活《い》かした体力増強メニューがあるのだろうと思います。

場所が違《ちが》うので、関西校のみなさんは当然、琵琶湖《びわこ》を泳ぎ渡《わた》るのだろうと思います（笑）（会場笑）。これは冗談《じょうだん》です。フナやコイではないので、そんなことはできないでしょうが、関西校は関西校なりに、新しい伝統をつくっていただきたいと思います。

本体が同じなので、両校には当然、似ているところもありますが、やはり、学校としての違いが出てくるはずです。

関西校のみなさんには、みなさんの強みをつくっていただきたいのです。それは、「新しく関西校の伝統をつくっていく」という修行《しゅぎょう》でもあり、また、「楽しい仕事もできる」ということだと思うのです。

幸福の科学学園は「受験対応も可能な学校」

「いったい何が新しく立ち上がってきて、人々に知られるようになるか」ということは、びっくり箱のようで本当に分かりません。これが面白《おもしろ》いところで

関西校「KYOTO PROJECT《キョウト プロジェクト》」

偉人の生涯や日本文化、国際コミュニケーションなどについて、自分の興味・関心のあるテーマを選んで研究する、幸福の科学学園のオリジナル授業「探究創造科」。関西校では、歴史と伝統の街・京都に近いという地の利を活かし、高1生を中心に、独自に「KYOTO PROJECT」を実施している。

老舗《しにせ》見学

◀江戸時代に創業し、皇室の室内装飾や祇園祭《ぎおんまつり》に使用する祭礼幕なども手掛けてきたという織物会社を見学する高1生。

▶明治時代創業の有名和菓子店で、和菓子づくりを体験。

英会話

◀京都を訪れる外国人観光客との、英語でのコミュニケーションにチャレンジする高1生。

偉人学習

▲坂本龍《さかもとりょう》馬《ま》や明治維新について研究した中1生。新撰組の羽織をまとい、記念撮影。

す。（幸福の科学学園の創立者である）私にとって、これが二校目の学校になりますけれども、本当に、つくっていく喜びのようなものを感じます。

私が直接に関係していることは、もうほんの少ししかなく、たいていは校長の人格がかなり影響《えいきょう》します。

那須本校の場合、喜島《きじま》校長は創造性と芸術性に非常に富んだ人であり、面白いことが大好きで、普通《ふつう》の人が考えないようなことをよく考えるタイプの人なので、面白いタイプの学校になっていると思います。

周りの人には、教学《きょうがく》修行的に締《し》め上げてくる感じも雰囲気《ふんいき》的にはあるのですが、校長はそんな人です。

関西校の冨岡《とみおか》校長は、また一味違ったところを持っており、眼鏡《めがね》の奥《おく》でキラッと光るものを見せているので（会場笑）、何か心に期《き》すものは必ずあると思います。

彼は、「関西校では経営者になる人や医学に行く人を多く育てたい」というようなことを言っていたのですが、今年（二〇一三年）の二月にここが建ち、下見に来たとき、私が「あの目標は、もうそろそろ下《お》ろしましたか」と訊《き》いたら、「いえ、下ろしていません」と言っていたので、「どうも灘《なだ》校に挑戦する気でいるらしい」と感じるのです。

関西校のみなさん、大変ですね。頑張ってください（笑）（会場笑）。

それは、半分は本当で半分は冗談ですけれども、校長はそれぞれ、心に期するものを持っておられるかもしれません。

当会は大学をつくるので、おそらく学園生の半分から七割ぐらいはそちらのほうに行くと思いますが、そこにはない学部もあるので、自分の将来の職業との関係でほかの大学を選ぶ人もいるだろうと思います。

そういう意味では、受験対応も可能な学校につくっていくつもりです。

今回の春休みに私は忙《いそが》しかったのですが、それは大学受験用として、入試問題演習の資料をそうとうつくっていたからです。

今年、学園の一期生の受験が終わったので、その結果を見て来年の課題を考え、入試問題の研究をし、関東圏《けん》の大学に対応するものはかなりつくってあります。

ただ、関西校には、やはり地元の京大や阪大《はんだい》に行きたい人も多いでしょうから、京大・阪大等に行けたり、医学部等に行けたりするような教材の準備もしています。

したがって、任せていただいて大丈夫《だいじょうぶ》だろうと思います。

ダブルスクールを解消する「塾《じゅく》の要《い》らない学校」を目指して

当会、あるいは当学園は、考え方として、「塾《じゅく》の要《い》らない学校をつくる」と述べています。

もっとも、当会は「サクセス№1《ナンバーワン》」という仏法真理塾《ぶっぽうしんりじゅく》も持っているので、それは、もちろんあってよいのです。「サクセス№1」は全国に百校以上ありますが、幸福の科学学園に来られない子への宗教教育も兼ねて勉強を教えています。それは大事なことなので、それを否定しているわけではありません。

今、日本では、「都会の進学校に入り、さらに夜、予備校か有名な進学塾に通わなければ名門校には進学できない」ということが、だいたい常識のようになっているのですが、このかたちには、やはり無理があります。学校と塾のダブルスクールになっているため、子供が非常に疲《つか》れているのです。

また、公立中学に行った子供たちも、「部活をやめなければ高校は受けられませんよ」というようなことを、塾から言われることが多くなっています。

「これを何とか理想的な学校に戻《もど》したい」と考え、那須本校は全寮《ぜんりょう》制になっています。関西校の場合には、外部からの通学もできる場所なので外部通学も許可していますが、やはり全寮制に近い体制になっています。

東京あたりでしたら、片道一時間十五分ぐらいの通学時間が普通であり、往復したら二時間半ぐらいかかるのですが、当学園は、「通学時間の部分を節約し、これを部活や生徒会活動などに使えるようにシフトする。そして、勉強のほうは、できるかぎり学校のなかだけで終わらせるように持っていこう」としているのです。

そのため、ほかのところよりは勉強の進度が少し速くて、早めに先に進んでいきます。

そして、通常の勉強の課程が終わったあと、最後のほうで大学受験向けの勉強をします。要するに、予備校や塾に行かなくても受かるように、大学入試問題等の研究をして作成した資料等を使って授業を行うのです。「授業の予習・

関西校の部活動紹介

関西校には、女子ダンス部、サッカー部、陸上競技部、女子ソフトボール部、男子バスケットボール部、女子バスケットボール部、バドミントン部、剣道部、空手道部、吹奏楽部、室内楽部、合唱部、美術部、演劇部、かるた部、未来科学部、卓球同好会、軽音楽同好会、Happy Makerがあり、各種大会等でも活躍している。

（2016 年 8 月現在）

女子ダンス部

2016 年、世界大会に初出場し、部門準優勝の快挙を成し遂げた女子ダンス部。

2015 年度
- 全国高等学校・中学校ダンスドリル冬季大会
  中学女子 JAZZ 部門 第1位
  高校女子 JAZZ 部門 第2位
- 全国中学校・高等学校ダンスドリル選手権大会
  中学女子 JAZZ 部門 第1位

2016 年度
- 世界大会 49th Annual Pageant Miss Dance Drill Team USA Competition 2016
  中学女子 部門準優勝

▲左上から、バドミントン部、女子ソフトボール部、男子バスケットボール部、空手道部、吹奏楽部。吹奏楽部は、2015 年度滋賀県重奏コンテスト木管・打楽器W金賞、2016 年度吹奏楽コンクール滋賀県大会金賞を受賞。

▲文化部では、左から、「かるた部」「未来科学部」など、個性豊かな部も活動している。

▼全日本ジュニアクラシック音楽コンクール全国大会で、3 大会連続入賞を果たした合唱部のメンバー。

復習をし、授業に集中すれば志望校に受かる」というかたちに持っていこうと考えているのです。

その意味では、とても欲張《よくば》りな学校です。勉強はしますし、運動もします。それ以外に、文化祭や体育祭、生徒会等も活発にやります。したがって、ある意味では、本当に文部科学省推薦《すいせん》のような学校です。

「いじめ問題」等を乗り越《こ》える手本をつくりたい

当学園は、子供、生徒に期待するほとんどすべてのことを全部、吸収しようとしていますし、今の日本の教育の問題点を全部、乗り越《こ》えようとしています。

日本の子供たちは塾と学校のダブルスクールでくたびれ、体力的にも精神的にも弱り、家庭にもしわ寄せが行っています。また、「部活」と「塾通い」と

5月 体育祭

文武両道を目指す幸福の科学学園では、体育祭にも力を入れている。各校、数個の団に分かれて競技を行い、優勝を競う。毎年、生徒が考案する、各校オリジナルの競技も見所の一つ。

那須本校

関西校

9月 文化祭

「創造性」の教育を重視する幸福の科学学園の文化祭では、毎年、創意工夫に満ちた舞台や展示が行われ、創造性の高かったものには「大鷲賞」「翔龍賞」が授与される。

那須本校「大鷲祭《おおわしさい》」

関西校「翔龍祭《しょうりゅうさい》」

が両立せず、「学校」と「塾」は対立関係にあります。日本の教育はこういう矛盾《むじゅん》を抱《かか》えていますし、そういうものが積もり積もって子供のストレスになり、いじめが発生したりしています。

関西校の地元であるこの滋賀《しが》県大津《おおつ》市でも、いじめによる自殺が去年（二〇一二年）から大きく騒《さわ》がれていますが（注。二〇一一年十月十一日、大津市の中学二年生の男子生徒が、いじめを苦に自殺した）、幸福の科学学園がここに進出したことは、強力な〝予防ワクチン〟になると思います。

まず、「理想の教育のあり方」を示してあげる必要があると思うのです。何かモデルがあれば、「ああ、あのようにやればよいのだ」ということが分かり、それを見て変えることができます。

現在は、残念ながら、いじめの問題等を解決できないような状態が全国に蔓《まん》延《えん》しています。これを何とか乗り越える手本をつくりたいと思っています。

もちろん、いろいろなタイプの人間が住んでいるので、「全員が意見を合わせる」というのは、なかなか難しいことではあります。しかし、そのなかで、やはり、「善悪を見分ける基準」「正邪《せいじゃ》を見分ける基準」をつくっていくことが大事だと思います。

特に、学生時代に「善悪を見分ける基準」を身につけ、そして、いろいろな教科の勉強をし、また、部活もやったり、学校をつくっていくためのいろいろなものに参加したりしていくことは、みなさんにとって、とても大きな財産になると思うのです。

2　五教科以外の勉強や活動も、将来、役に立つ

部活や生徒会、文化祭等の持つ意義

都市部では、進学実績や偏差値《へんさち》的なものだけを重視する傾向《けいこう》が非常に強く、その基準で「よい学校」と言うことが多いのですが、私は必ずしもそれだけを見ているつもりはありません。

実際には、大学を卒業してから違《ちが》いが出てくるのです。

大学へ入る段階では学力だけで切られて入りますけれども、卒業して実社会に出たら、役に立つのは学力だけではありません。

学力は、もちろん、いろいろな仕事の基礎《きそ》になるので役に立つのですが、そ

れ以外に、「部活で頑張《がんば》った」「生徒会で頑張った」「文化祭で頑張った」などということ、例えば、「アメリカまで行き、チアダンスで戦ってきた」という体験が、大人になってからも、ものすごく効《き》いてきます。そういうものが自信になって表れてくるのです。

したがって、部活動を否定してはいません。

私は今、幸福の科学の代表をしていますし、いろいろな種類の仕事をグループとしてやっていますが、この基礎になっているものは何でしょうか。

もちろん、「勉強によって仕事ができる」という部分も基礎の部分としてあるとは思うのですが、振《ふ》り返ってみると、中学時代に自分がやったことの影響《えいきょう》も大きいと思います。

私は中学時代に軟式《なんしき》テニス部のキャプテンをしていました。五十人ぐらいの部員をまとめながら、練習内容を組み立てて毎日練習し、夏休みにも練習していました。そういうことが、意外に、大勢《おおぜい》の人を引っ張っていく際の役に立っていたりするのです。

また、報道委員長として、校内新聞、学校新聞をつくる責任者を一年ぐらいやったこともあります。それで、いろいろな人の名前で原稿《げんこう》を書いていました（笑）。そのときに原稿を書く練習をしたことが、今、当会でいろいろな月刊誌や本を発行していることにも影響しているように思います。

毎月、締《し》め切り日に新聞の原稿を仕上げ、隣町《となりまち》まで届けてもらい、印刷していたことを覚えています。そういうことも、あとで役に立ちました。

いろいろなことに関心を持ち、一生懸命《いっしょうけんめい》にやる

また、生徒会では生徒会長もやったのですが、田舎《いなか》で、しかも、変な子と言ってはいけませんが、いろいろな方面に向いている子がたくさんいるところで、

生徒たちをまとめていくのはけっこう大変でした。

ただ、そのなかで、先生がたは、「歴代の生徒会長を見ていたら、勉強ができるからといって、必ずしも、生徒たちはその子の言うことをきかなかったけれども、君のときにはみんなが君の言うことをよくきいてくれる」と、非常に不思議そうに言っていました。

「勉強ができる人に反発する人もいるけれども、君に対しては不思議と反発がない」というようなことを言われたのです。

考えてみると、このあたりについては、「単に『勉強だけできればよい』と思ってはいなかったからではないか」と自分では思っています。いろいろなものに対する理解があったり、人との関係等についての思いやりがあったりしたので、「そのようなところが効いたのではないか」と考えています。

このように、「ほかの学年の生徒会長はけっこう反発されていたけど、君のときはそうではなかった」と言われたのです。

また、私が中学を卒業して二十年たっても、技術・家庭の先生がまだ学校に残っていて、二十年後の後輩《こうはい》たちに、「君たちの先輩にこういう人がいて、東大に行ったけれども、彼は掃除《そうじ》をサボらずきちんとやっていたし、技術・家庭についても一生懸命《いっしょうけんめい》、勉強していたよ」と言っていたそうです。

二十年たって、まだそういうことを言ってくれている先生がいることが耳に入ってきて、「本当に、先生というのはありがたいものだなあ」とつくづく思ったものです。

ですから、「いろいろなことに関心を持ち、一生懸命にやる」というのは大事なことなのです。

私は、「美術」では、けっこう絵が描《か》けたりしました。「音楽」では、実技のほうは大してできなかったのですが、ペーパーテストではいつもよい成績を取

関西校「聖地巡礼」

関西校では、新中1生と新高1生を対象に、創立者・大川隆法の生誕地を巡る「聖地巡礼」を行っている。巡礼を通して一人ひとりが「志《こころざし》」を新たにし、学園生活をスタートする。

聖地・四国正心館《しょうしんかん》 参拝

幸福の科学の聖地・四国正心館では、巡礼で固めた自らの「志」を立志書に記入し、奉納する。

川島町 散策

▲大川隆法が高校卒業までの18年間を過ごした川島町を訪れた生徒たち。2017年度以降は、「聖地エル・カンターレ生誕館」の巡礼も加わる（2016年11月落慶予定）。（左）川島城前で記念撮影。（右上）川島神社に参拝。（右下）岩の鼻の展望台から吉野川を望む。

▼（上）大川隆法の生家にほど近い阿波川島駅。（下）川島町内を散策。

っていたのです。

幸福の科学学園チアダンス部の強さの秘密

那須《なす》本校のチアダンス部はなぜ強いのか、私には分かりませんが、おそらく、那須本校の先生に非常に指導力があるので、そうなっているのだと思います。ただ、私の幼いころを振り返ってみると、私には阿波踊《あわおど》りの経験がありますﾞ(会場笑)。団扇《うちわ》を腰《こし》に差し、それを抜《ぬ》いて踊るしぐさが、けっこううまくできました。

やはり筋《すじ》が違うようです。幸福の科学の信者のみなさんが阿波踊りに参加するため、徳島県の四国本部で少し練習をしていたので、私も少しだけ練習してみせたことがあるのですが、「団扇の使い方が違う！　筋がよい」と言われ、本場の有名連《ゆうめいれん》（注。阿波踊りの各協会に所属しているグループのうち、特に卓《たく》越《えつ》した技術を持っているグループ）からおほめを頂きました。

そこで、「新町橋《しんまちばし》を踊って歩こうか」と思ったのですが、「それだけはやめてください」と言って止められたので、残念ながら出られませんでした。「今、信仰《しんこう》の対象として、みんなが頑張って拝《おが》んでおりますので、あまり出歩かないでください」と言われ（会場笑）、「それはそうだろうな」と思ってやめたのです。

まあ、チアダンスと関係があるとしたら、そのくらいです。

3　成績を上げるには、どのように勉強していくべきか

自分の「強み」「長所」で戦っていく

とにかく、私は、「人間には、いろいろな種類があってよい」と思っているのです。それぞれの人が自分の「強み」「長所」で戦って、成功していく。そして、みんなに認められていく。それでよいと思うのです。

短所については、できるだけ直すところは直し、それ以外のところは、なるべく平均に近づけていくように努力するべきです。

また、長所はいろいろあると思うので、長所のところで戦って認められてい

き、自分に自信を持っていくことが大事だと思うのです。

「基礎《きそ》的な教養の部分」については手を抜《ぬ》かない

それから、勉強は、もちろん、さまざまな仕事の基礎《きそ》なので、手抜《てぬ》きはできません。どの学問もとても大事です。

大学受験では受験科目の絞《しぼ》り込《こ》みがあるので、受験前の一時期、それに集中することはあってもよいと思いますけれども、それまでは、できるだけいろいろな科目を、関心を持って勉強してください。

大人になってから、それがいつ要《い》るようになるかは分かりません。

私はこの学園をつくり、今、大学をつくる準備に入っていますが、これも、すべての教科に対して関心を持っていなければできないようなことです。

昔、受験に要らない科目まで勉強したので、「あれは無駄《むだ》だったかなあ」と思っていたのですが、「そうでもない」ということが、今になって分かってきたのです。

あとで何が役に立つかは分からないので、「基礎的な教養の部分」については手を抜かず、できるだけ頑張《がんば》ってください。

ただ、最後に受験で合格するためには、それなりに絞り込まなくてはいけないということです。

英語は理科系でも文科系でも必要な教科

高校生のほうに言っておきます。

新高一生にはこれから三年ありますけれども、事実上、あと一年半もしたら、受験態勢が近づいてくると思います。当学園は英語にすごく力を入れており、日本英語検定協会から優秀《ゆうしゅう》校として表彰状《ひょうしょうじょう》をもらっているぐらいです。

学園生たちは、どんどん英検などを受験していますが、これは飛び級のようなもので、どんどんどんどん先へ行っています。

那須《なす》本校の最初の年には、中一で英検２級に受かった人が三人出ました。英検２級は高校卒業レベルなので、中一で受かられてしまったら、「このあと何を教えようか」と困るぐらいです。

また、中二でも英検にかなり受かりました。

それから、高一で英検準１級に受かる人が、毎年、出始めています。そのための教材はつくってありますが、「やるかやらないか」は本人の問題です。

英検の準１級は、いちおう、「大学を卒業して社会人になり、国際系の企業《きぎょう》などに入った人が、海外に派遣《はけん》してもらうには取っていなければならない。そうでないと海外には出してもらえない」というようなレベルですが、これを高一ぐらいで取っている人が那須本校にはかなりいます。

そういう意味で、英語に関してはそうとう英才教育をやっています。

そのなかで、学園生は、中学三年の秋と、高校一年から二年にかけての春休みと、二回、海外へ研修に行き、ホームステイの経験をします。

これで、「国際的に通用する人材」をつくろうとしています。

英語は、理科系でも文科系でも両方とも必要な教科です。文系でも理系でも受験科目ではありますが、文系では仕事で英語を使う機会が非常に多いのです。

また、理系のほうでも、海外の文献《ぶんけん》を読んだり、留学したりするときには、英語ができなくてはいけませんし、ノーベル賞をもらうときでも、英語で論文を書けなかったらノーベル賞はもらえないのです。その意味で、英語は理系においても必要なのです。

このように両方に必要なので、当学園は英語にはすごく力を入れています。

難関校に受かるためには、英語のほかにも得意科目をつくること

ただ、大学進学のことを考えると、私立の難関校に受かりたければ、基本的には、英語のほかにあと一科目、得意科目をつくらなくては駄目《だめ》です。

文系でしたら英語以外に国語か社会が必要で、強力な科目を二つは持っていないと難関校には受かりません。理系でしたら英語以外に、数学か理科の一科目が得意でなくてはなりません。突出《とっしゅつ》したものを二つぐらい持っていないと、私立の難関校には受からないのです。

国立の難関校には、本当はオールラウンドプレーヤーというか、全科目において、ある程度できるようなタイプの人が行きやすいのです。国立大学の受験では五科目を受けるので、全科目においてある程度できることが必要なのですが、あえて言えば、得意科目が三科目は必要です。

国立大学受験の場合には、やはり英・数・国が基本でしょうが、そのなかでどれか一つぐらい苦手《にがて》があったならば、理科か社会のどれかが強くなくてはいけません。

強い教科が三教科はないと、国立の難関校にはなかなか行きにくいのです。

当学園は大学受験のための準備をかなりしているので、学校の授業についていけば、きちんと受かるようになっていると思います。

今回、那須本校は大学受験への初めてのチャレンジではありましたが、二名が東大に受かりました（注。二〇一六年は那須本校から五名、関西校から一名、計六名が東京大学に合格した）。受かった二名は本当に全国のトップレベルの成績をずっと取り続けていた子たちなので、すごく注目されていて、栃木《とちぎ》県からも注目を受けていたのです。

当学園は、関西のほうでも、もうすでに注目を受けています。

2016年 合格実績

那須本校

ハッピー・サイエンス・ユニバーシティ 82名

国立大学

東京大学 5名
京都大学 1名
徳島大学医学部 1名
筑波大学 2名
千葉大学 1名
埼玉大学 1名

私立大学

早稲田大学 39名
慶應義塾大学 4名
東京医科大学 1名
上智大学 1名
東京理科大学 1名
明治大学 5名
青山学院大学 5名
立教大学 3名
中央大学 4名
法政大学 2名
学習院大学 1名

大学校

国立看護大学校 1名

ほか多数
2015年度卒業生 98名

関西校

ハッピー・サイエンス・ユニバーシティ 81名

国立大学

東京大学 1名
京都大学 1名
名古屋大学 1名
大阪大学 2名
お茶の水女子大学 1名
茨城大学 1名

私立大学

早稲田大学 12名
同志社大学 21名
関西学院大学 5名
立命館大学 3名
関西大学 6名
東京理科大学 1名
明治大学 1名
青山学院大学 1名
立教大学 1名
法政大学 1名
日本大学 4名

大学校

航空保安大学校 1名
海上保安大学校 1名

ほか多数
2015年度卒業生 97名

＊合格者数はのべ人数

今日は、滋賀《しが》県の嘉田《かだ》知事（説法《せっぽう》当時）から祝電《しゅくでん》を頂《いただ》いたそうです。

また、関西校の設置認可を頂くとき、滋賀県からは、「ぜひ、滋賀県の私立校のトップリーダーになって、幸福の科学学園が滋賀県の学校を引っ張ってください」というような言葉も頂いているので、「そのようにありたいものだ」と思っています。

4　「世の中のためになる人間」になろう

一生懸命《いっしょうけんめい》に努力すれば、その成果が出てくる

私たちは、「教育の効果」というものを強く信じています。

英語は、勉強したら誰《だれ》もができるようになります。同じように、チアダンスであろうが、剣道《けんどう》であろうが、ソフトボールであろうが、何であれ、やればできるようになります。

これが、学校教育でみなさんにいちばん教えたいことなのです。

これを当会の教えでは「縁起《えんぎ》の理法《りほう》」と言っていますが、「原因」があって「結果」があるのです。何かについて一生懸命《いっしょうけんめい》に努力をすれば、その成果、結

果が出てきます。学校は、これがいちばんはっきり出るところです。このあたりを勉強してもらいたいのです。

社会に出たら、努力をしても、すぐに結果が出るかどうか分からないところが多いのですが、学校の場合には、一生懸命、一年ぐらいやると、わりあいすぐに成果が出てき始めます。これを勉強してもらうことは、とても大事なことです。

「何に打ち込《こ》むか」ということはみなさん次第《しだい》ですが、「とにかく何かで自信を持っていただきたい」と私は思っています。

チアダンスは那須《なす》本校のほうが本場であり、なかなか強そうなので、関西校では、「女子のソフトボールで全国優勝を狙《ねら》う」などという声をチラッと耳にしているのですが、そうなるかどうか、これから見ものだと思っています（注。関西校では、女子ダンス部が、二〇一六年の世界大会で部門準優勝を果たした)。

とにかく、みなさん自身がもう教団の一角《いっかく》を担《にな》っており、大人だけではなく、みなさんもまた教団のＰＲにしっかり参画しているのです。そのことは、私たちの勇気のもとになっています。それを忘れないでいただきたいと思います。

今は「環境《かんきょう》に不満を持つタイプの人間」が多い

関西校のご近所を見たら、多少、「幸福の科学学園反対」というような旗がひらめいているところがあります。だいたい、京都のほうの活動家あたりが来て、いろいろとやっているようです。

京都や滋賀《しが》のあたりでは、神社・仏閣《ぶっかく》が多いにもかかわらず、意外に唯物論《ゆいぶつろん》、左翼《さよく》思想と言われる共産主義の思想がとても強いのです。

これは、「神社・仏閣は宗教としての仕事をあまりしていない。観光仏教など観光産業になってしまい、人の心のあり方や魂《たましい》のあり方、来世《らいせ》のあり方、人間としての生き方をきちんと教えていない」ということだと思います。

そのため唯物論が非常に強く、また、「環境《かんきょう》に不満を持つタイプの人間」がとても多くなっているのだと思うのです。

私たちは、そうした人たちに対して、「人間としての正しい生き方を教えなければならない。幸福の科学学園の実績でもって正しい道を示したい」と考えています。

人間には基本的に二通《ふたとお》りあります。「努力をしないで、他人様《たにんさま》のお慈悲《じひ》というか、他人様のお力で自分は楽をし、よい暮らしがしたい」と思うタイプと、「一生懸命、努力し、自分なりに頑張《がんば》って成果をあげ、余力があったらほかの人のお助けをしたい」と思うタイプと、だいたい二種類があるのです。

「楽をしてよい暮らしがしたい」「楽をして生活したい」「働かなくても食べ

ていけるようになりたい」という人間が多くなってきたら、当然ながら会社は潰《つぶ》れていきますし、国も傾《かたむ》いていきます。これは当たり前のことなのです。

信仰《しんこう》を「自分の力を高めるための推進力」にせよ

私どもは、もちろん信仰《しんこう》を中心とした団体ではありますけれども、その基本的な考え方は、「ただただ信仰していれば、全部がうまくいく」というようなことではありません。

「縁起の理法」を信じ、「努力した者は報《むく》われる」と信じて、一生懸命、各人が自助努力をする社会、そして、努力した人が報われる社会をつくっていこうとしているのです。

もっとも、どうしてもそのなかに入り切らない人、社会的弱者も当然います。障害のある方やお年寄り、どうしようもないことによって会社が潰れた方などがいるので、そういう人たちを救わなくてはなりません。

ただ、それを「当然だ」と考えてはいけないと思います。やはり、「自分たちで自分たちを発展させていき、成功させていく」という社会をつくっていき、社会全体を引き上げていくことが大きな使命だと思うのです。

そのために、「信仰というものを、自分の力を高めるための推進力にしていただきたい」と私は考えています。

努力をしたら結果が出ます。それは、はっきり分かります。英語の勉強などで、もうすぐそれが分かると思いますが、それ以外に部活等でも、「努力をしたら、それが報いられる」ということが分かってきます。

とにかく、「学校時代にこれをやった」と言えるもの、自分として満足するものをやり遂《と》げることが非常に大事です。

「高学歴であっても認められない人」の特徴《とくちょう》

世の中に出てからは学歴だけが問題なのではなく、プラスアルファとしていろいろな問題が付随《ふずい》してきます。

「高学歴であっても認められない人」もいます。

東大の名を出してよいかどうか分かりませんが、例えば、「東大卒業であっても出世しない人」というのはどのような人かというと、体力のない人です。それから、協調性がなく、人との関係がうまくいかない人です。だいたい、この二つのタイプが出世しません。勉強ができたのに出世しない代表格は、「体力がない人」と「協調性がない人」の二つです。

さらに付け加えて言うとすれば、明るくて積極的な人は当然好かれるので、いろいろなところで人に喜ばれ、会社などの発展につながっていくことがあります。明るく積極的な考え方を持っているか、それとも暗くてジメジメした考え方を持っているか、これによってずいぶん変わってきます。

勉強ができても暗い人もいます。勉強ができ、成績のよい人のなかにも、「マイナス思考」で暗いことばかり考え、いつも暗いことばかり言う人がいます。

しかし、暗いことばかりを言っているような人には、ほかの人をすごくがっかりさせたり、ほかの人のやる気をなくさせたりする力があるので、残念ながらそういう人はリーダーには向かないのです。

やはり、熱意があって、積極的で明るいタイプの人が、リーダーには向いています。そのような人間になっていただきたいのです。

才能を磨《みが》くだけではなく、「徳のある人間」を目指す

あとは、できたら、「多くの人たちのことを考える人間」になっていただき

たいと思うのです。

勉強やスポーツなど何かの〝一芸〟に秀《ひい》でる人は出てくるでしょうが、それは才能の問題だと思います。「才能を磨《みが》く」ということも、学校にとって非常に重要な仕事だと私は思います。

ただ、才能だけで終わっては駄目《だめ》だと思うのです。「才能プラスアルファ」が必要です。

そのプラスアルファとは何かと言うと、「ほかの人たちの役に立つような人間になる」「世の中のためになる人間になる」ということです。

みなさんが自分で努力し、出世していくのは結構です。ただ、「その過程で、世の中がよくなっていく。周りの人が幸福になっていく。社会が発展していく。国が発展していく」ということでなくてはなりません。このような「世の中のお役に立つ人間」を、やはり目指していかなくてはならないのです。

才能のある人が、「この才能を、自分だけのためではなく、ほかの人のためにも使い切りたい。世の中をよくするために使いたい。社会の発展のために使いたい。ほかの人のお役に立ちたい」と願って努力していると、「徳のある人間」になります。こういうものを「徳」と言うのです。

「才能」と「徳」とがあります。

徳は、なかなか、そう簡単にできるものではありませんが、基本的には、今言ったように、「ほかの人のお役に立ちたい。世の中の役に立つような人間になりたい。世の中をよくしたい」と常に願って努力している人のところに徳が生まれてきます。

勉強ができて、自分が尊敬されるだけで満足している人は、そこまで行きません。「世の中のためになろう」として努力をすることが大事です。

「ほかの人の役に立とう」と思って行う努力が「徳」を生む

先ほど言ったチアダンス部はアメリカの西海岸で頑張り、競技会場では「ハッピー・サイエンス旋風《せんぷう》」が巻き起こったそうです。

「日本のハッピー・サイエンスという学園がすごく頑張っている」ということで、アメリカの優勝チームなどが来て拍手《はくしゅ》をしてくれたり、大会の理事長などもやってきて、声をかけてくれたりしたそうです。「びっくりした！　これだけ頑張るとは……。ここまでやるとは思わなかった」と驚《おどろ》いていたそうです。

ただ、私は、実は二、三年前に、このことを予感していました。

彼女たちがまだ中学一年生で、文化祭か何かに出たときだったと思いますが、私が出ようとすると、彼女たちはパッと花道《はなみち》をつくり、チアダンス用のポンポンを振《ふ》りながら、「I love El Cantare!《アイラブエルカンターレ》」などと言って、いろいろなかたちをつくったりしたのです。

その切れ味がとてもよいので、「これは筋《すじ》がよさそうだ。けっこうなところまで行くんじゃないか」と、二、三年前に思ったことを覚えています。そうしたら、そのとおり快進撃《かいしんげき》をしました。

彼女たちは、自分たちのためだけにチアダンスをやっているのではありません。幸福の科学学園を世界に紹介《しょうかい》したい気持ちがありますし、また、「幸福の科学学園のためにいろいろと支援《しえん》してくださっている、全国の信者のみなさんにお礼をしたい」という気持ちもあります。

自分たちの海外遠征《えんせい》のために、多額の寄付をしてくれた人たちに対する感謝の気持ちもありますし、「できたら、海外伝道の一助《いちじょ》にもなりたい。海外伝道のお役に立ちたい」という気持ちも持っているのです。

当会のロサンゼルス支部の人たちはかなり応援に行ってくれたようですが、

現地は非常に活性化して元気になったことだと思います。

そのように、「人のためになろう。ほかの人の役に立とう」と思って努力していると、それは自分だけのものにはならなくて、世の中のためになり、それが「徳」になってくるのです。

お釈迦《しゃか》様は二千五百年前に、「香《かお》りというものは、普通《ふつう》は風上《かざかみ》から風下《かざしも》に香ってくるのだけれども、徳の香りは、風に逆《さか》らってでも、要するに、風下から風上にでも伝わってくるものだ」と言っています。

そのように、「徳の香り」は、みなさんが予想しない、まったく違《ちが》うようなかたちで大きく波及《はきゅう》していくことがあるのです。

みなさんが今後、努力・精進《しょうじん》をし、いろいろなところで素晴《すば》らしい活躍《かつやく》をして、みなさん自身も成長し、その成長が世の中を明るく照らす一助となることを、心より希望しています。

どうか、頑張って、新しい一歩を踏《ふ》み出してください。
今日は、おめでとうございました。

Message

才能だけで終わっては駄目《だめ》だと思うのです。
「才能プラスアルファ」が必要です。

才能のある人が、
「この才能を、自分だけのためではなく、
ほかの人のためにも使い切りたい。
世の中をよくするために使いたい。
社会の発展のために使いたい。
ほかの人のお役に立ちたい」と願って
努力していると、
「徳のある人間」になります。
こういうものを「徳」と言うのです。

「才能」と「徳」とがあります。

あとがき

私自身の自己形成を振り返ってみると、勉強やスポーツだけでなく、「念《おも》いの力」がすごく大きく影響していると思う。「ウサギと亀《かめ》」の亀のほうが自分に似ていると思っていたが、気がつけば、ずいぶん長い道のりを歩んできた。個人的にも、著作二千百冊以上、講演二千五百回以上、英語説法百回以上は、コツコツした努力の積み上げ以上の何ものでもないが、教育事業や新しい学問の開拓に乗り出せたのは、何よりの喜びであった。「自分ならこういった教育を受けたかった」という夢を現実世界に移行させるのは、すばらしい体験だった。

学園の先生方も超人的な活躍をされたし、信仰心に基《もと》づく教育で、子供たちがグングン力を伸ばしていく姿には感動をおぼえた。勉強もスポーツも芸術も、道徳性も、私のほうが子供たちから教わることが多くなり、人生の後半で、若い力に追い抜かれていく喜びを感じている。

本書は、「教育における創造性とは何か」に答える内容になっていると思う。この教育論から巣立っていく若ワシたちに、日本と世界の二十一世紀、そして二十二世紀以降をゆだねたい。「夢は叶《かな》う」という言葉を合言葉《あいことば》にして、未来を切り拓《ひら》いてゆこう。

二〇一六年　八月三十日

幸福《こうふく》の科学《かがく》グループ創始者兼総裁《そうししゃけんそうさい》
幸福《こうふく》の科学学園創立者《かがくがくえんそうりつしゃ》
大川隆法《おおかわりゅうほう》

〔特別掲載〕

幸福の科学学園校歌

未来をこの手に

作詞・作曲　大川隆法
（霊指導《れいしどう》　仏陀《ぶっだ》）

一、探し求めていたものは
未来の心
自分の使命
人生の目的
今は飛べない雛《ひな》だけど
いつかはきっと鷲《わし》になる

二、夢にまで見たものは
ユートピアの姿
法友《ほうゆう》の愛
不屈の勇気
今は修行の身だけれど
いつかはきっと花が咲く

アイ・ハブ・ア・ドリーム
夢の未来はきっと来る
愛・知・反省・発展の
四正道を究めたら
悟りの姿が見えてくる

父も母も待っている
私が光となって
きっと世を照らす日が来ると
その日　その時まで
精進《しょうじん》の道を歩く　ひたすらに
未来をこの手に　確かにつかもう

キープ・オン・ラーニング
悟りの国がそこにある
愛と悟りとユートピア
建設の夢は必ずや
世界各地に実を結ぶ

主もきっと願われる
私が師となり
法輪《ほうりん》を転じる日が来ることを
その日　その時まで
忍耐の道を歩く　ひたすらに
幸福の卵を　産み続けよう

『夢は叶う』大川隆法著作関連書籍

『教育の法』（幸福の科学出版刊）
『真のエリートを目指して』（同右）
『教育の使命』（同右）
『未知なるものへの挑戦』（ＨＳＵ出版会刊）
『原爆投下は人類への罪か？
——公開霊言 トルーマン＆Ｆ・ルーズベルトの新証言——』（幸福実現党刊）

※左記は書店では取り扱っておりません。最寄りの精舎・支部・拠点までお問い合わせください。
『受験の心構え』（大川真輝 著　宗教法人幸福の科学刊）

夢《ゆめ》は叶《かな》う
――生徒が伸びる、個性が輝く「幸福の科学学園」の教育――

2016年9月9日　初版第1刷

著　者　　大《おお》川《かわ》隆《りゅう》法《ほう》

発行所　　幸福の科学出版株式会社
〒107-0052 東京都港区赤坂2丁目10番14号
TEL(03)5573-7700
http://www.irhpress.co.jp/

印刷・製本　株式会社 堀内印刷所

落丁・乱丁本はおとりかえいたします

ISBN978-4-86395-831-9 C0037

大川隆法 ベストセラーズ・教育論シリーズ

教育の法

信仰と実学の間で

深刻ないじめ問題の実態と解決法や、尊敬される教師の条件、親が信頼できる学校のあり方など、教育を再生させる方法が示される。

1,800円

生命《いのち》の法

真実の人生を生き切るには

生きてゆく心がけ、自殺を防止する方法、いま必要な「魂の教育」、人生の意味──。生命の尊厳を見失った現代人に贈る書。

1,800円

新時代の道徳を考える

いま善悪をどうとらえ、教えるべきか

道徳の「特別の教科」化は成功するのか？「善悪」「個人の自由と社会秩序」「マスコミ報道」など、これからの道徳を考える13のヒント。

1,400円

ミラクル受験への道

「志望校合格」必勝バイブル

受験は単なるテクニック修得ではない！「受験の意味」から「科目別勉強法」まで、人生の勝利の方程式を指南する、目からウロコの受験バイブル。

1,400円

大川隆法 ベストセラーズ・HSUの目指すもの

未知なるものへの挑戦

新しい最高学府
「ハッピー・サイエンス・ユニバーシティ」とは何か

秀才は天才に、天才は偉人に——。2015年に開学したHSUの革新性と無限の可能性を創立者が語る。日本から始まる教育革命の本流がここにある。【HSU出版会刊】

1,500円

幸福の科学大学創立者の精神を学ぶI（概論）

宗教的精神に基づく学問とは何か

いま、教育界に必要な「戦後レジームからの脱却」とは何か。新文明の創造を目指す幸福の科学大学の「建学の精神」を、創立者みずからが語る。

1,500円

幸福の科学大学創立者の精神を学ぶII（概論）

普遍的真理への終わりなき探究

「知識量の増大」と「専門分化」が急速に進む現代の大学教育に必要なものとは何か。幸福の科学大学創立者が「新しき幸福学」の重要性を語る。

1,500円

外国語学習限界突破法

日本人が英語でつまずくポイントを多角的に分析。文法からリスニング、スピーキングまで着実にレベルをアップさせる秘訣などをアドバイス。

1,500円

※表示価格は本体価格（税別）です。

大川隆法霊言シリーズ・教育者・思想家の霊言

吉田松陰「現代の教育論・人材論」を語る

「教育者の使命は、一人ひとりの心のロウソクに火を灯すこと」。維新の志士たちを数多く育てた偉大な教育者・吉田松陰の「魂のメッセージ」！

1,500円

J・S・ミルに聞く「現代に天才教育は可能か」

「秀才＝エリート」の時代は終わった。これから求められるリーダーの条件とは？ 天才思想家J・S・ミルが語る「新時代の教育論」。

1,500円

ソクラテス「学問とは何か」を語る

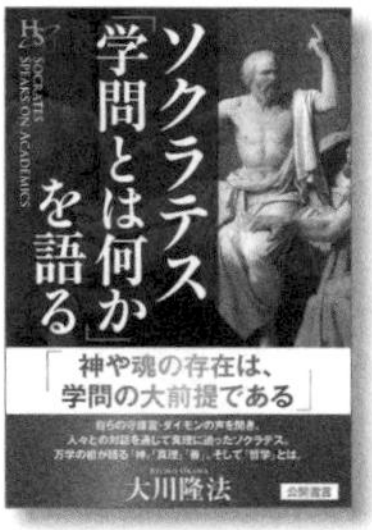

学問とは、神様の創られた世界の真理を明らかにするもの――。哲学の祖・ソクラテスが語る「神」「真理」「善」、そして哲学の原点とは。

1,500円

霊性と教育

公開霊言 ルソー・カント・シュタイナー

なぜ、現代教育は宗教心を排除したのか。天才を生み出すために何が必要か。思想界の巨人たちが、教育界に贈るメッセージ。

1,200円

最新刊

小池百合子 実力の秘密

大川隆法　著

孤立無援で都知事選を戦い抜き、圧勝した小池百合子氏。マスコミ報道では見えてこない政治家としての本心から、魂の秘密までを多角的に検証。

1,400円

夫婦の心得

ふたりでつくる
新しい「幸せのカタチ」

大川咲也加　大川直樹　共著

恋愛では分からない相手の「素」の部分や、細かな習慣の違いなど、結婚直後にぶつかる〝壁〟を乗り越えて、「幸せ夫婦」になるための12のヒント。

1,400円

女性のための
「幸せマインド」のつくり方

大川紫央　大川咲也加　大川瑞保　共著

なぜか幸せをつかむ女性が、いつも心掛け、習慣にしていることとは？ 大川家の女性3人が、周りに「癒やし」と「幸せ」を与える秘訣を初公開！

1,400円

幸福の科学出版

大川隆法「法シリーズ」・**最新刊**

正義の法

法シリーズ
第22作

憎しみを超えて、愛を取れ

テロ事件、中東紛争、中国の軍拡――。
どうすれば世界から争いがなくなるのか。
あらゆる価値観の対立を超える
「正義」とは何か。
著者二千書目となる「法シリーズ」最新刊！

2,000円

第１章　神は沈黙していない――「学問的正義」を超える「真理」とは何か
第２章　宗教と唯物論の相克――人間の魂を設計したのは誰なのか
第３章　正しさからの発展――「正義」の観点から見た「政治と経済」
第４章　正義の原理
――「個人における正義」と「国家間における正義」の考え方
第５章　人類史の大転換――日本が世界のリーダーとなるために必要なこと
第６章　神の正義の樹立――今、世界に必要とされる「至高神」の教え

※表示価格は本体価格（税別）です。

大川隆法ベストセラーズ・地球レベルでの正しさを求めて

未来へのイノベーション

新しい日本を創る幸福実現革命

経済の低迷、国防危機、反核平和運動……。「マスコミ全体主義」によって漂流する日本に、正しい価値観の樹立による「幸福への選択」を提言。

1,500円

正義と繁栄

幸福実現革命を起こす時

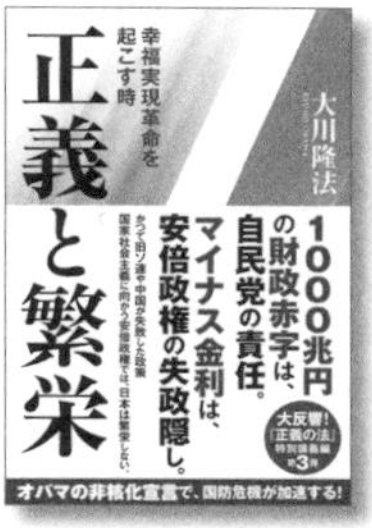

「マイナス金利」や「消費増税の先送り」は、安倍政権の失政隠しだった!? 国家社会主義に向かう日本に警鐘を鳴らし、真の繁栄を実現する一書。

1,500円

世界を導く日本の正義

20年以上前から北朝鮮の危険性を指摘してきた著者が、抑止力としての日本の「核装備」を提言。日本が取るべき国防・経済の国家戦略を明示した一冊。

1,500円

現代の正義論

憲法、国防、税金、そして沖縄。
——『正義の法』特別講義編

国際政治と経済に今必要な「正義」とは——。北朝鮮の水爆実験、イスラムテロ、沖縄問題、マイナス金利など、時事問題に真正面から答えた一冊。

1,500円

幸福の科学出版

Welcome to Happy Science!
幸福の科学グループ紹介

「一人ひとりを幸福にし、世界を明るく照らしたい」──。
その理想を目指し、幸福の科学グループは宗教を根本《こんぽん》にしながら、
幅広い分野で活動を続けています。

宗教活動

幸福の科学【happy-science.jp】

- 支部活動【map.happy-science.jp（支部・精舎へのアクセス）】
- 精舎（研修施設）での研修・祈願【shoja-irh.jp】
- 学生局【03-5457-1773】
- 青年局【03-3535-3310】
- 百歳まで生きる会（シニア層対象）
- シニア・プラン21（生涯現役人生の実現）【03-6384-0778】
- 幸福結婚相談所【happy-science.jp/activity/group/happy-wedding】
- 来世幸福園（霊園）【raise-nasu.kofuku-no-kagaku.or.jp】

来世幸福セレモニー株式会社【03-6311-7286】

株式会社 Earth Innovation【earthinnovation.jp】

おかげさまで30周年
2016年、幸福の科学は
立宗30周年を迎えました。

社会貢献

ヘレンの会（障害者の活動支援）【helen-hs.net】
自殺防止活動【withyou-hs.net】
支援活動
- 一般財団法人
「いじめから子供を守ろうネットワーク」【03-5719-2170】
- 犯罪更生者支援

国際事業

Happy Science 海外法人
【happy-science.org（英語版）】【hans.happy-science.org（中国語簡体字版）】

教育事業

学校法人 幸福の科学学園

- 中学校・高等学校（那須本校）【happy-science.ac.jp】
- 関西中学校・高等学校（関西校）【kansai.happy-science.ac.jp】

宗教教育機関

- 仏法真理塾「サクセスNo.1」（信仰教育と学業修行）【03-5750-0747】
- エンゼルプランV（未就学児信仰教育）【03-5750-0757】
- ネバー・マインド（不登校児支援）【hs-nevermind.org】
  - ユー・アー・エンゼル！運動（障害児支援）【you-are-angel.org】

高等宗教研究機関

- ハッピー・サイエンス・ユニバーシティ（HSU）

政治活動

幸福実現党【hr-party.jp】

- <機関紙>「幸福実現NEWS」
- <出版> 書籍・DVDなどの発刊
- 若者向け政治サイト【truthyouth.jp】

HS 政経塾【hs-seikei.happy-science.jp】

出版 メディア 関連事業

幸福の科学の内部向け経典の発刊

幸福の科学の月刊小冊子【info.happy-science.jp/magazine】

幸福の科学出版株式会社【irhpress.co.jp】

- 書籍・CD・DVD・BD などの発刊
- <映画>「UFO 学園の秘密」【ufo-academy.com】ほか８作
- <オピニオン誌>「ザ・リバティ」【the-liberty.com】
- <女性誌>「アー・ユー・ハッピー？」【are-you-happy.com】
- <書店> ブックスフューチャー【booksfuture.com】
- <広告代理店> 株式会社メディア・フューチャー

メディア文化事業

- <ネット番組>「THE FACT」【youtube.com/user/theFACTtvChannel】
- <ラジオ>「天使のモーニングコール」【tenshi-call.com】

スター養成部（芸能人材の育成）【03-5793-1773】

ニュースター・プロダクション株式会社【newstar-pro.com】

ハッピー・サイエンス・ユニバーシティ

Happy Science University

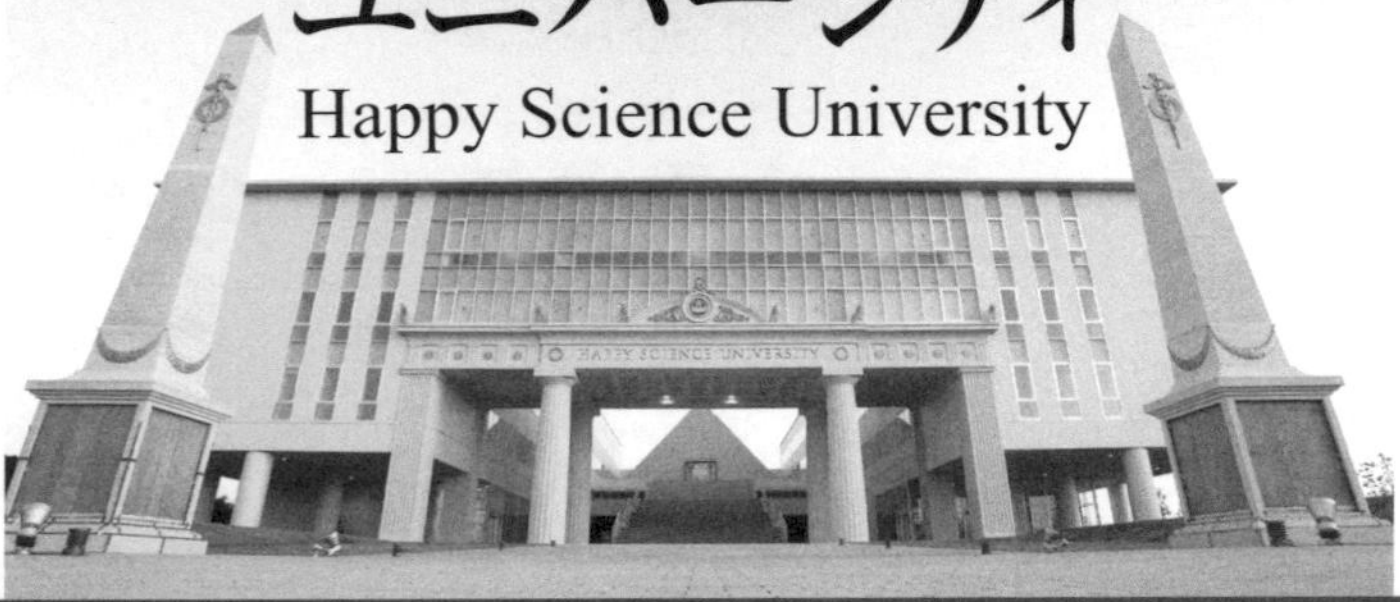

ハッピー・サイエンス・ユニバーシティとは

ハッピー・サイエンス・ユニバーシティ（HSU）は、大川隆法総裁が設立された「現代の松下村塾」であり、「日本発の本格私学」です。
建学の精神として「幸福の探究と新文明の創造」を掲げ、
チャレンジ精神にあふれ、新時代を切り拓く人材の輩出を目指します。

住所 〒299-4325 千葉県長生郡長生村一松丙 4427-1
TEL.0475-32-7770
[公式サイト] **www.happy-science.university**

学部のご案内

未来創造学部

2016年4月
開設

時代を変え、未来を創る主役となる

政治家やジャーナリスト、ライター、俳優・タレントなどのスター、
映画監督・脚本家などのクリエーターを目指し、国家や世界の発展、
幸福化に貢献できるマクロ的影響力を持った徳ある人材を育てます。
「政治・ジャーナリズム専攻コース」と
「芸能・クリエーター部門専攻コース」の2コースを開設します。

キャンパスは東京がメインとなり、2年制の短期特進課程も新設します（4年制の1年次は千葉です）。2017年3月までは、赤坂「ユートピア活動推進館」、2017年4月より東京都江東区（東西線東陽町駅近く）の新校舎「HSU未来創造・東京キャンパス」がキャンパスとなります。

学部のご案内

人間幸福学部

人間学を学び、新時代を切り拓くリーダーとなる

人間の本質と真実の幸福について深く探究し、
高い語学力や国際教養を身につけ、人類の幸福に貢献する
新時代のリーダーを目指します。
2年次以降は「人間幸福コース」と「国際コース」に分かれ、
各専門分野に重点を置いた学修をします。

経営成功学部

企業や国家の繁栄を実現する、起業家精神あふれる人材となる

企業と社会を繁栄に導くビジネスリーダー・真理経営者や、
国家と世界の発展に貢献する
起業家精神あふれる人材を輩出します。
2年次以降は、幸福の科学の経営論とともに、
従来の経営学や実践的な科目を学修します。

未来産業学部

新文明の源流を創造するチャレンジャーとなる

未来産業の基礎となる理系科目を幅広く修得し、
新たな産業を起こす創造力と起業家精神を磨き、
未来文明の源流を開拓します。
科学技術を通して夢のある未来を拓くために、
未知なるものにチャレンジし、創造していく人材を輩出します。

「エンゼルプランV」

信仰に基づいて、幼児の心を豊かに育む情操教育を行っています。また、知育や創造活動を通して、ひとりひとりの子どもの個性を大切に伸ばします。お母さんたちの心の交流の場ともなっています。

TEL 03-5750-0757
FAX 03-5750-0767
メール angel-plan-v@kofuku-no-kagaku.or.jp

仏法真理塾「サクセスNo.1」

全国に本校・拠点・支部校を展開する、幸福の科学による信仰教育の機関です。小学生・中学生・高校生を対象に、信仰教育・徳育にウエイトを置きつつ、将来、社会人として活躍するための学力養成にも力を注いでいます。

【東京本校】
TEL 03-5750-0747
FAX 03-5750-0737
メール info@success.irh.jp

「ユー・アー・エンゼル!（あなたは天使！）運動」

障害児の不安や悩みに取り組み、ご両親を励まし、勇気づける、障害児支援のボランティア運動です。学生や経験豊富なボランティアを中心に、全国各地で、障害児向けの信仰教育を行っています。保護者向けには、交流会や、医療者・特別支援教育者による勉強会、メール相談を行っています。

TEL 03-5750-1741
FAX 03-5750-0734
メール you-are-angel@happy-science.org

不登校児支援スクール「ネバー・マインド」

幸福の科学グループの不登校児支援スクールです。「信仰教育」と「学業支援」「体力増強」を柱に、合宿をはじめとするさまざまなプログラムで、再登校へのチャレンジと、進路先の受験対策指導、生活リズムの改善、心の通う仲間づくりを応援します。

TEL 03-5750-1741
FAX 03-5750-0734
メール nevermind@happy-science.org

入会のご案内

あなたも、幸福の科学に集い、ほんとうの幸福を見つけてみませんか？

幸福の科学では、大川隆法総裁が説く仏法真理をもとに、
「どうすれば幸福になれるのか、また、
他の人を幸福にできるのか」を学び、実践しています。

入会

大川隆法総裁の教えを信じ、学ぼうとする方なら、どなたでも入会できます。入会された方には、『入会版「正心法語」』が授与されます。（入会の奉納は1,000円目安です）

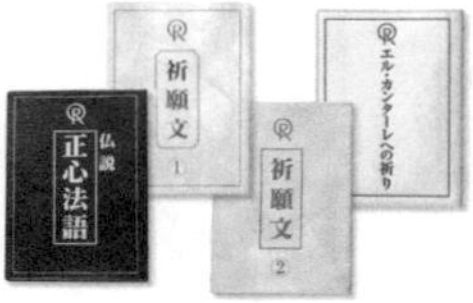

三帰《さんき》誓願《せいがん》

仏弟子としてさらに信仰を深めたい方は、仏・法・僧の三宝への帰依を誓う「三帰誓願式」を受けることができます。三帰誓願者には、『仏説・正心法語』『祈願文①』『祈願文②』『エル・カンターレへの祈り』が授与されます。

ネットからも入会できます

ネット入会すると、ネット上にマイページが開設され、
マイページを通して入会後の信仰生活をサポートします。

01 幸福の科学の入会案内ページにアクセス

happy-science.jp/joinus

02 申込画面で必要事項を入力

※初回のみ1,000円目安の植福（布施）が必要となります。

ネット入会すると……

- ●入会版『正心法語』が、ダウンロードできる。
- ●毎月の幸福の科学の活動トピックが動画で観れる。

INFORMATION

幸福の科学サービスセンター

TEL. 03-5793-1727（受付時間 火～金：10～20時／土・日・祝日：10～18時）

幸福の科学 公式サイト **happy-science.jp**